色の基礎知識から、
色と人の心との関係、
色を使って心と体を
元気にするヒントが満載！

史上最強
カラー図解

色彩心理のすべてがわかる本

心理カウンセラー
芸術療法講師
山脇恵子著

ナツメ社

CONTENTS

止まれ

第3章 色彩で心を癒す方法

第4章 色のイメージと使い方

第5章 暮らしに役立つ色彩術

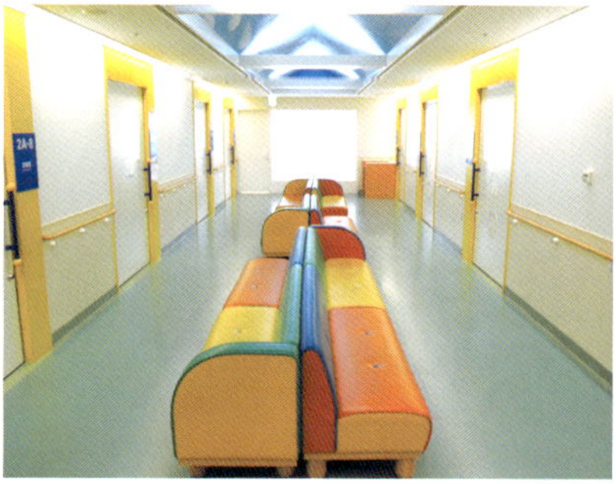

本文デザイン　エルグ
本文イラスト　平山郁子／中村奈々子／大友ヨーコ
編集協力　大西智美
編集担当　澤幡明子（ナツメ出版企画）

はじめに

2005年に『図解雑学 よくわかる色彩心理』を発刊して以来、多くの興味や感想、質問が寄せられた。色彩心理とは何か。どのようなことがわかり、どのように使えるのか。そうした疑問に対して、本書は、新しい研究報告の紹介や解説を含め、より広く色と心の関わりを考えてみた。同時に基本的な色彩学やその話題についても、はじめて色彩に触れる読者のために掲載してある。

しかし最も大きな特徴は、色や心理学に興味のある読者が、自分の心のために色を使えるよう、芸術療法やイメージ療法を基にした「セルフセラピー」の紹介をしていることだ。これは実際に私のセッションでも導入しているいくつかで、誰もがすぐに実践できるよう、手軽な方法をわかりやすく解説してある。グループセッションでは自分を探す旅として、芸術療法を取り入れ、時には癒《いや》された気持ちが涙につながるほどの体験をされる人もいる。ストレスの多い毎日の中で、自分に合った解消法を探している方には、ぜひとも試していただきたいと思う。

全体の流れは、1章では色彩学と心理学のつながりを探り、歴史を振り返った。また色に関わる心理学では芸術療法を見据え、ユングとフロイトに注目し、2人の理論をわかりやすく紹介した。2章では基本的な色彩学を解説。その中で掲載した、脳が作る嘘の世界はこの機会にぜひ体験してほしい。3章は、色を使ったテストや芸術療法の解説。また自分でできるセルフセラピーの実践方法を伝え、心理学の中の色についてさまざまに紹介した。絵を描くことが苦手な人でも試せる方法、色の力を利用したさまざまなイメージ療法など、知識だけでなく、心の健康のための実践の章ともなった。4章は、色を考えるときに重要な、色の歴史とイメージである。人類の長い歴史の中で色は呪術《じゅじゅつ》や医療、また文化を担《にな》い、人々の生活に深く関わってきた。伝統的な色名などを見ながら、新しい雑学としても楽しんでほしい。最後の5章は、色の実験報告や話題、そこから考察できる色の効用を解説してみた。色は人の心に本当に影響を与えているのか。色の好みに法則はあるのか。異性を惹《ひ》きつける色はあるのか。色で自殺は防げるのか。多様な視点から考察しており、色の力の一端を伝えたつもりである。

最後に、今回もまた遅筆でご迷惑をかけたナツメ社、深い理解で辛抱強く私を支えてくれた編集者の大西智美氏に心からの御礼を申し上げたい。そして読者の方の心を、どこかで色が支えてくれたらいいなと、切に願う次第である。

山脇 恵子

「色彩心理」を体験してみよう

1 絵画の色を感じてみよう

©2010 - Succession Pablo Picasso - SPDA (JAPAN)

パブロ・ピカソ
《海辺の母子像》
1902年／ポーラ美術館蔵

親友の死をきっかけに、ピカソの色調は哀愁を帯びた深い青が基調となる。《海辺の母子像》は、「青の時代」と呼ばれるこの時期の作品の1つ。(→P.163)

©2010 - Succession Pablo Picasso - SPDA (JAPAN)

パブロ・ピカソ
《道化役者と子供》
1905年／国立国際美術館蔵

その後ピカソは1人の女性と恋に落ち、作品は明るい色調の「バラの時代」と呼ばれる時期を迎える。《道化役者と子供》は、「青の時代」から「バラの時代」への移行期に描かれたものとされる。(→P.145)

東山魁夷《白馬の森》1972年／長野県信濃美術館 東山魁夷館蔵

東山魁夷の作品が世に出るのは遅く、家族は妻だけとなっていた。肉親すべてを失った寂しさと生命への祈りが、幻想的で美しい青に込められている。

歌川広重（初代）《東海道五拾三次之内 品川 日之出》1833年頃／品川区立品川歴史館蔵

歌川広重の浮世絵は独特な遠近法を用いた大胆な構図と藍色の美しさで人々を魅了し、欧米では「ヒロシゲブルー」と称される。藍染めは江戸時代に大流行した。（→P.162）

② ないものが見える? 錯覚の世界

色と色の境目に注目しよう。境目の両側に、
境目に沿って何かが見えないだろうか。

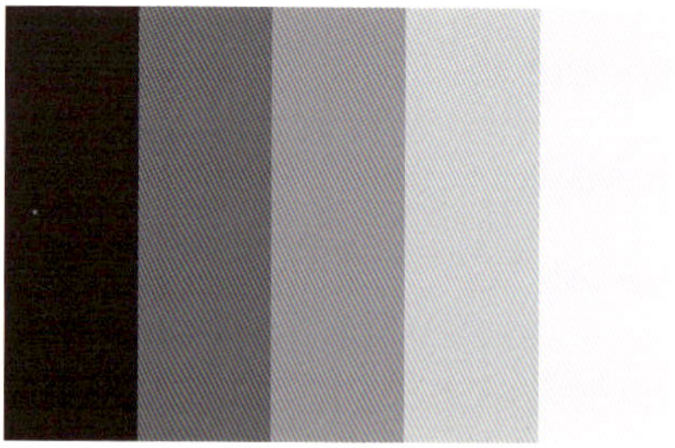

うっすらとラインを感じるはず！(→P.70)

では黒と灰色ではなく、
色がついたらどうだろう？

色がついても同じように見える！

黒い四角の間にある白いラインの交差部分
に注目しよう。何かが見えないだろうか。

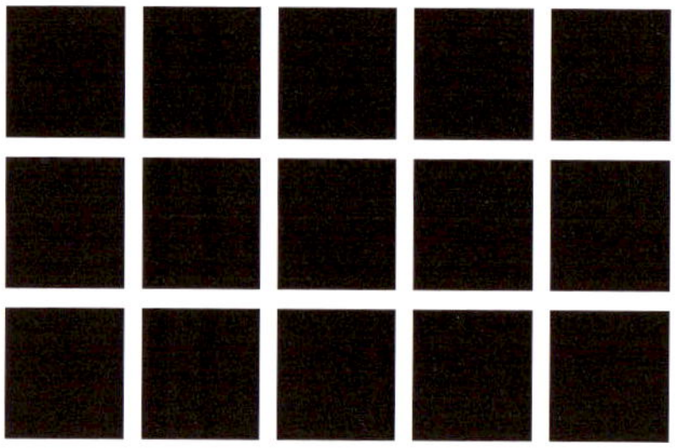

白いはずなのに黒い円が見える！(→P.71)

では、白い部分と黒い部分を
反転させたらどうなるだろう？

同じように交差部分に白い円が見える！

左の赤いハートをじっと40秒ほど見た後、
視線を右の黒い点に移してみよう。
何か色が見えてこないだろうか。

緑のハートがぼんやりと見える！(→P.67)

では色を変えるとどうだろう？

オレンジのハートがぼんやりと見える！

3 色から生まれる感覚がある!? 赤vs青

今、寒い冬だとしたらどちらの部屋に入りたいだろうか。反対に、暑い夏だとしたらどうだろう。

よく知られているように、左の部屋に使われている赤や橙は暖かさを感じる暖色、右の部屋に使われている青系の色は冷たさを感じる寒色である。このように、色は人に感覚や感情を呼び起こさせるのだ。（→P.80～87）

赤や橙から暖かさを、青系統から冷たさを感じるのは、それぞれ昔から人間が体験してきた自然界の色だからだ。赤や橙は太陽や炎の色であり、青は水や空の色である。

また、赤い部屋と青い部屋では時間の感じ方が異なる、赤は体を緊張させ青は体を弛緩させるなど、人の体への影響も異なるといった、興味深い実験報告がある。（→P.21、23、204、207）

④ ファッションの色で印象が変わる! (→P.194～195)

女性

赤

派手、かわいい、情熱的、積極的、挑発的、遊び好き、目立ちたがり、強い、活動的

ピンク

かわいい、女の子らしい、ロマンチック、やさしい、幼い、わがまま

橙

明るい、元気、カジュアル、派手、楽しい、積極的、親しみやすい、活動的

黄

明るい、元気、派手、目立ちたがり、積極的、楽しい、幼い、活動的

緑

ナチュラル、個性的、大人っぽい、大人しい、やさしい

青

知的、落ち着いた、真面目、クール、強い、地味、爽やか

紫

古典的、神秘的、大人っぽい、色っぽい、個性的、遊び好き、病的

白

清潔、明るい、真面目、爽やか、目立つ、上品、大人しい

黒

おしゃれ、カッコいい、強い、知的、真面目、色っぽい、都会的

男性

青系

青は爽やかさを伝える色。赤や白などと使うと、メリハリが出て、強い印象を与えられる。

グレー系

グレーは地味、ソフト、両方の印象。全体のトーンを抑えて、やさしい印象になる。

5 色を使ったリフレッシュ法

自由に色をぬる（→P.108）

集中しながら楽しみたいとき、絵が苦手だと思っている人が気分転換をしたいときに

フィンガーペインティング（→P.110）

思い切り気持ちの発散をしたいときや、色をアクティブに体験してスッキリしたいときに

墨で自由にぬる（→P.114）

静かな気持ちで寺院にいるような精神性に浸りたいとき、癒されたいとき、新しい体験をしたいときに

ピンクの呼吸法（→P.118）

緊張をほぐして体の力を抜きたいとき、物忘れが多い、集中力が足りないと感じたときに

樹木のシーンのイメージ療法（→P.126）

静けさと安心感に浸りたいときや、疲労感やイライラを感じているときに

水の中のシーンのイメージ療法（→P.128）

自由な気分や、蒸し暑い季節の中で爽快感を味わいたいときに

ブラックボックス（→P.130）

悲しいこと、不安、怒りなど、ネガティブな記憶を追い払い、スッキリしたいときに

6 色の一般的なイメージと使い方のヒント (→第4章)

色	一般的なイメージ	使い方のヒント
赤 	熱い、強い、危険、けばけばしい、闘争、怖い、派手な、情熱的な、明るい、活動的な、興奮、愛、怒り、嫉妬、歓喜、緊張、エネルギー、血、太陽、炎	自己を鼓舞する色として、また競り合いの際には効果的に相手へ働きかけるといわれる。ここぞというとき赤を身につけ、自分を支える色としたい。
ピンク 	かわいい、やさしい、女らしい、甘い、若い、幸せ、ロマンチックな、優美な、健康的な、色っぽい、わがままな、子どもっぽい、意地悪な、いやらしい、サクラ、モモ	朝、柔らかいピンクの色に包まれるイメージを描くと、気分よく目覚めることができる。やさしい気持ち、甘えたい気持ちになりたいときには、身近に置きたい。
橙 	暖かい、明るい、元気、健康的、かわいい、楽しい、親しみやすい、安っぽい、低俗な、オレンジ、果物、ビタミン、ニンジン	最も暖かさを感じさせる色。寒い日には橙色のイメージを使って体を内側から温めたい。また親しみやすさの色でもあり、明るい気分を伝えるのにも使える。
茶色 	自然な、落ち着いた、堅実な、古い、安心する、堅い、地味な、保守的な、田舎くさい、マイルドな、陰気な、汚い、渋い、おとなしい、平凡な、土、根っこ、焦げたもの	ベージュは、毛布などの柔らかな素材で使うと、人の肌に包まれるような心地よさが感じられる。筋肉の緊張を解くのでリラックスタイムにも使いたい。
黄 	明朗、希望、喜び、暖かさ、幸福、躍動、賑やか、幼稚、注意、軽率、騒がしい、イライラする、嫉妬、臆病、太陽、光、子ども、お金、信号、バナナ、レモン	元気な子どものイメージを持つ黄色。心が硬くなっていると感じたら、フィンガーペインティングなどで黄をぬると、気持ちが軽くなるかもしれない。
緑 	自然な、安らぎ、落ち着き、癒し、若さ、爽やか、新鮮、安全、平和、健康、公平、平凡、未熟、森、植物、楽園、ピーマン、キュウリ、信号、カビ	森林の色として人に安らぎを与える。大自然に包まれる緑のイメージ療法体験はとても心地よいはずだ。実際の自然の中での散歩は言うまでもなく効果抜群。

色		一般的なイメージ	使い方のヒント
青		冷たい、冷静、神秘的、孤独、静か、知的、爽やか、信頼、自由、平和、誠実、憂鬱、澄んだ、遠い、真面目な、空、海、制服、サッカー	爽やかさと静けさの青は、イライラしているとき、鎮静効果が期待できる。好みの青を前にして、大きく深呼吸をしながら冷静に問題を考えてみたい。
紫		高貴な、高級な、神秘的、正式な、不思議、やさしさ、女性的、妖艶、和風、大人、病気、死、不吉、古典的、都会、低俗、悪趣味、派手、悪魔、ぶどう、なす	紫に惹かれるときは、疲れた心があるかもしれない。紫の花をかたわらに飾ると、やさしい香りや小さな生命の美しさが、色とともに安らぎを与えてくれるだろう。
白		純粋、神聖、清潔、無垢、明るい、平和、自由、善、潔白、無、緊張、宗教、未来、雪、うさぎ、白衣、看護婦、花嫁	純白は、気持ちを新たに引き締めて何かの出発をするときに似合う。緊張を高める色にもなるので、身近な空間にはオフホワイトを使うといい。
灰色		曖昧、陰気、不安、落ち着き、控え目、汚れた、疑惑、不正、抑うつ、悲しみ、シック、曇り、アスファルト、ビル、都会	どんな状況でも出しゃばらない灰色。やさしいイメージで使うならば、青みのクールグレイではなく、ベージュをかすかに感じるウォームグレイを使いたい。
黒		強さ、恐怖、孤独、反抗、暗さ、クール、威圧的、邪悪、不吉、悲しみ、高級感、シック、カッコいい、フォーマル、絶望感、夜、闇、葬儀、死、殺人、ファッション	黒い服は、誰の侵入も許さない強さを持った鎧の代わり、防御の色として使える。素肌に着けると、意図的に作られた隙がセクシーさを増長させるのだ。
虹色		希望、夢、平和、幸せ、幸運、清らか、理想郷、架け橋、明るい、おとぎの国、儚さ、七色	虹の効果は幻惑の世界へ人を誘うことだ。窓辺にクリスタルを吊るして、ゆらゆら動くさまざまな光を見つめていると、しばし現実を忘れられるだろう。

第1章

人の心と色の関係

私たちはあふれる色の中で生活しているが、実際に色からの影響を受けているのだろうか。現在、色が人の心に与える影響については、さまざまな研究や実験報告が発表されている。しかし科学的に解明されていないことも多く、色と心の学問として総体的な構築はまだなされていない。「色彩心理学」と呼べる1つの心理学領域として成立するには、現時点では、まだ時間が必要といえるだろう。

本章では、「色彩心理」の研究にはどのような領域が必要なのか、また心理学や色彩学の中で色彩と人の心の関わりがどのように研究されてきたのかを説明する。

色は人の心に影響を与えるのか

色が人の心に与える影響についてはまだ科学的に解明されていないことも多いが、さまざまな報告があり関心が持たれている。

赤は勝負に強い色？

オリンピックの調査でわかったこと

イギリスの科学誌「ネイチャー」が2005年、「**赤**」にまつわる記事を掲載した。それは、イギリスのダーラム大学の研究チームが、2004年のアテネオリンピックにおける4種目（ボクシング、テコンドー、レスリング2種目）で、赤のウェアやヘッドギアを着用した選手と、青のものを着用した選手との間に勝率差があるかどうかを調べたものだった。

驚いたことに、4つの競技とも、赤を着用したほうが青を着用した場合よりも勝利数が多いという結果が得られたのだ。たとえば、ほぼ同レベルの能力を持った選手同士が戦った場合、その勝率差は20%にも広がっていることがわかった。また同大学内での競技勝率でも、赤を着用した側が55%だった。

さらに2008年、ドイツのミュンスター大学で実験したテコンドーの試合でも、赤の勝率が13%も高かったという報告がある。

これらの数字は偶然では生じない。つ

ダーラム大学の調査結果では、イングランドのサッカーの試合結果でも、赤のユニフォームのチームの得点率が高い。写真は日本のプロサッカーリーグ（Jリーグ）の試合で浦和レッドダイヤモンズ（通称：浦和レッズ）を応援するサポーターのようす。浦和レッズのチームカラーは赤。

© J.LEAGUE PHOTOS

赤が相手に与える心理的影響

①赤は男性ホルモンの濃度を押し上げるとしたら……

↓

攻撃性が高まる

②赤は相手に対して優位性を示すとしたら……

↓

威圧感を与える

まり、赤の着用者は「勝利する傾向にある」ことが統計学的に明らかになったのだ。しかし、なぜ赤を着用した選手が多く勝つのか、その理由ははっきりとしていない。

これらの記事は、色が持つ「不思議な力」の一端を示したものである。色が人の心に与える影響について、まだ科学的に解明できていないこと、同時に色彩という視点から人の複雑な心をさらに探究できる可能性を示したともいえるだろう。

赤は攻撃性を高めている？

赤の着用で勝利する理由について、赤はテストステロンの濃度を押し上げるからだという推測がある。

テストステロンとは、生殖器や副腎《ふくじん》から分泌される男性ホルモンの一種だ。男女ともに分泌されるが、特に男性では、筋肉や骨格、生殖器などの発達に影響するといわれる。また胎児《たいじ》の大脳に大量に浴びせられると、攻撃性などが高まる可能性も示唆《しさ》されている。

ダーラム大学の同研究チームが行なった長期の鳥の実験では、鮮やかな色のリングをつけた鳥が集団の中で優位な順位にポジションを上げた。このことから、色が集団の中の関係性に影響を与える可能性を考えている。

このようなことから、個体の色は実力以上の強さ、あるいは実力を十分発揮できるよう、強さを支えるシンボルとなり、その色を見せられたものは本能的に相手の能力を察知して、潜在的な脅威を感じ、無意識に気圧されるという可能性も出てくる。

生物の生存に関わる優劣という関係性が、もし赤という色で誘発されるなら、赤を着用した選手の攻撃性は高まり、それを見た相手選手には心理的影響が生じてしまうといえるかもしれない。

人間とサルの好きな色は同じ?

青や緑は抑制の色なのか?

イギリスのロンドンにあるブラックフライア橋は自殺の名所だったが、橋の色を黒から**緑**に塗り替えると、自殺者がそれまでの約3分の1に減ったという。これはアメリカの色彩学者が伝えた有名な逸話だ。

最近ではイギリスのグラスゴー市で2000年に、街の景観のために街路灯の色をオレンジから**青**に変更したところ、犯罪件数が減少したという報告が日本にも伝わり話題となった。

その後、日本各地で、踏切や高速道路の休憩エリアのゴミ置き場、住宅街の道路などに青い照明が設置される動きが広まる。JR東日本では、2009年の山手線100周年を記念し、全駅に自殺防止対策の1つとして青い照明の設置を決定した。青が人の精神状態を穏やかにする効果があるとされる説を見込んでのことだ。

青い照明は、本当に犯罪や自殺を防止できるのだろうか。この問題については別の章で検討するが(214～216ページ)、青という色が防犯に役立つイメージを持つことはアンケートの結果からわかっている。青は見る人に、空や海などの広々した世界、水の冷たさ、爽やかさ、時には知性、寂しさなどを連想させる。これらには罪を犯すほどのエネルギーの暴走を押し上げる動的イメージがない。静かで行動を抑制するような色だ。

では、本当に色は行動に影響するのだろうか。

奈良県警察本部前と近鉄五位堂駅自転車駐輪場(右下)に設置されている青い照明。青の街灯は日本では2005年に奈良県ではじめて導入され、全国にその動きが広まっている。

赤と青、サルが住みやすいのはどっち?

色が人の気持ちにどのような影響を与えるのか、参考になる研究がある。

イギリスの心理学者N.ハンフリーは、トンネルでつながった青い照明の部屋と赤い照明の部屋にサルを入れ、どちらの部屋にでも自由に留まることができるという実験を行なった。結果として、サルは常に好んで青い部屋にいることがわかった。つまり青い部屋のほうが快適というわけだ。

実際、人間でも赤い光の下では、血圧が上昇し脈拍が上がるなどの反応が起きて攻撃的で神経質な状態になり、青い光の下ではその反対に、血圧の降下や脈拍の安定、つまり平静な状態になるという報告がある。

ハンフリーの実験から、色が体や気持ちに影響を及ぼすこと、そしてその結果、サルにも落ち着ける空間の色と落ち着けない空間の色が存在すると考えていいだろう。サルの実験がそのまま人間に100%当てはまるとはいえない。しかし人間とサルには共通した感覚があると考えられているのも事実だ。

赤の光と青の光に対する人間の反応

	赤	青
血圧	上昇	降下
脈拍	速まる	安定
呼吸数	増加	安定
筋肉の状態	興奮・緊張	弛緩

サルや人間の色の好感度

さらにハンフリーはサルの色の好感度を調べており、それによると、10頭が10頭とも、青、緑、黄、赤の順に好んだという。彼は、種全体に及ぶ遺伝的根拠があることを、強く示唆《しさ》する結果だと述べている。

もちろん別の視点もある。イギリスのC.マクマナスが人間に対して同じような実験を行なったところ、70%が青や緑系統の色を好むが、黄や赤系統を好んだ者も20%いたといい、人では100%ではないと考えられる。

100%ではなくても、サルや人間のこれだけ多くが青や緑を好むという結果は、ハンフリーのいうように、生き残ることを命題としているDNAにとって、何らかの意味があると思いたくなるのだが、どうだろうか。

色への反応は進化の過程で獲得した

青や緑を見ると落ち着く理由

進化の過程で初期の哺乳類《ほにゅうるい》の生活の場は、地上ではなく主に樹上だった。そのため、哺乳類の色覚は、最初が**緑**、次に緑の間から見える空の色を識別するために**青**、次に木の実を探しやすいように**赤**という順で獲得したという説がある。樹上で生きるためには、緑の葉とその間にある空間をはっきり見分けて枝をしっかりつかみ、移動しなければならないからだ。

そしてこのとき、緑や青は生活の場の色だ。地上で肉食獣に追われて見上げた小動物の目の先には、青い空と緑の葉が茂る住処《すみか》があっただろう。安心できる場所の色、寝る、食べる空間の色と考えれば、緑や青から弛緩《しかん》反応が生じてきたとしても不思議ではない。

視覚の重要性

人間は、外からの情報を五感を通して受け取っている。情報の全体の実に80%以上を視覚から得ている。

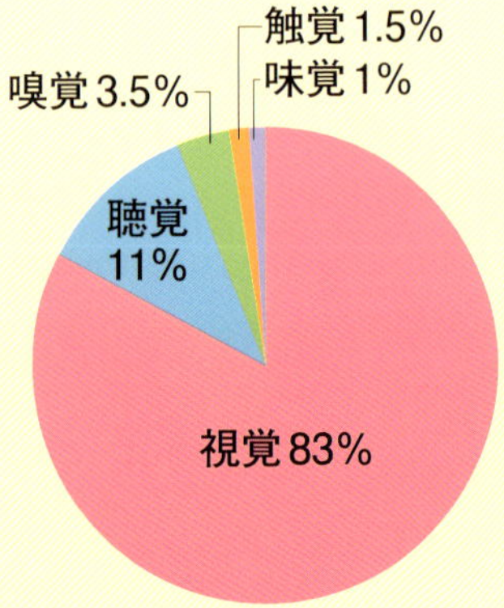
触覚 1.5%
味覚 1%
嗅覚 3.5%
聴覚 11%
視覚 83%

私たちの各器官の構造や反応は、「生まれつき」そうだったということではなく、進化の過程で生き残るために「獲得」

色覚獲得の順番に対する考え

①緑
樹上で生活するためには、まず緑の葉のついた枝をしっかりつかむ必要があった。
3色の色覚を持つことで、見ることができる色の世界が広がった。
②青
緑の葉の生い茂る木の枝と、青い空とを区別する必要があった。
③赤
食物である熟した木の実を手に入れる必要があった。

青の一般的なイメージ

冷たい、冷静、静か、知的、
爽やか、神秘的、平和、
遠い、空、海

赤の一般的なイメージ

強い、熱い、危険、闘争、
明るい、活動的な、興奮、血、
太陽、炎、エネルギー

してきたものだ。情報の80%以上を視覚に頼る人間の今を考えると、色が種の保存にいかに重要だったか想像できよう。つまり色が人の心や体に与える影響は、単なるイメージでは片づけられないのである。

赤を見ると体が緊張する理由

また、前述したように、赤は人間の筋肉を緊張させ、血圧、脈拍を上昇させる。この体の状態は、「活動」の準備が整ったことを示している。

赤が活動と結びつくことは、たとえば血を見たときが挙げられよう。それが狩りの最中なら獲物が手負いになっている可能性があり、すぐに追う必要がある。見た瞬間に走り出せる個体は、獲物を手に入れる確率が上がり、生き延びやすかっただろう。

反対に襲われる可能性もある。これも血を見てすぐに逃げ出す用意が整った個体が、生き残りやすかったはずだ。また戦いでは、血を見て興奮し、奮い立つ者が勝負を制しただろう。

最も身近で命に関わることと結びつく赤は、人の体を活動へと準備させた可能性がある。

そしてこの反応も、青や緑に対する反応と同様に、「備わっていた」のではなく、進化の過程で「獲得していった」と考えられる。生き延びるための戦略として色覚を得た人間だからこそ、色からの影響が体にも心にも大きいのである。

「色彩心理学」への期待

色と人の心の関連をとらえることの難しさ

昨今の日本で、色と心理の関わりについて大きな関心が持たれている。商品の売り上げと色の関係やファッションの流行色などは当然のことだが、鉄道各社が自殺防止を目的に青い照明を用いたことを見ても、色の効果に対する時代の期待が感じられる。

では、「**色の心理学**」というものは、あるのだろうか。

色と人の関係を「心理学」として考えるには、まず色の存在を定義し理解する必要がある。つまり、色とは何かという**物理学的**な話から始まり、どうして見えるのかといった**生理学的**な話が必要だ。

また、色が心に与える影響を知るためには、その背景も考えなければならない。たとえば個人の心理的問題なら、そのパーソナリティに影響を与えた家族や成育歴が重要となる。これと同様に、色がどのように登場し、使われ、意味を持ってきたのか、**人類学的**、**社会学的**に考えなければならない。それは、色が無意識の世界でいかなる意味を持つのかということに必要な情報だからだ。

さらに色が生活とどのように関わってきたのか、**宗教**、**社会**、**文化**など生活全

色はさまざまな領域で扱われる

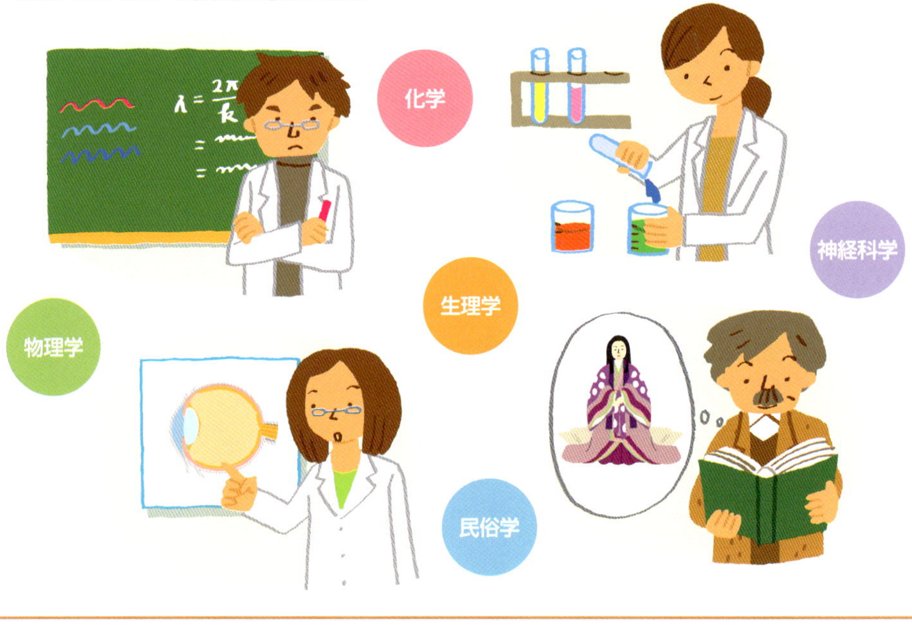

般について考える必要がある。身近な衣類や日用品に使われる色として、特にファッションの色や芸術としての色は重要で、染料や顔料の歴史、それらがどのように生産され、とらえられ、象徴的な意味をはらんできたのかも知らなければならない。

そして、心理学は今や脳の研究と切り離せず、**生物の進化**や**脳の構造**からも色を考える必要がある。

心理学と色彩学を知ることから始める

こうして見ると、「色の心理学」と呼んで研究するなら、他の心理学と同様に、あるいはそれ以上に、幅広い領域の研究が必要だ。しかし現在はまだ不十分といえ、道のりは遠いだろう。もしそれを越えて「色彩心理学」として確立されたなら、医療にも経済にも大きな影響を及ぼすほどの効果があることは違いない。

さて、人類はギリシア時代から、人とは何か、心とは何かを考えてきた。それでも心理学という学問が登場したのは、百数十年ほど前でしかない。今もって「意識」とは何か、それに伴って色を「見る」という感覚が何のためにあり、なぜ発達したのか、さまざまに研究されながら結論に到達していない。

そこでここでは、色と心の関わりがどのように研究され現在に至っているのか、**心理学**と**色彩学**の歴史を見ながら簡単にとらえておこう。

色彩学と色彩心理

色とは何か、色をどのようにとらえるのかといった研究は、色彩学の領域でも心理学の領域でもあり、色と人との関わりを考える上で重要である。

色彩学とはどのような学問か

色の考察はギリシア時代から始まっていた

色彩学とは、**色**にまつわるあらゆることを含めた学問といえる。

歴史的に見ると、ギリシア時代から人々は色に興味を持ち、考察してきた。「見える」ということから始まり、光や色の持つ呪術《じゅじゅつ》的《てき》な使い方、色が持つ意味、美しい色の出し方、配色の仕方、色と治療など、長い間、研究されてきた。しかし、近年まで総体的な学問としての形はなかったといえる。

古くはギリシア時代の哲学者**プラトン**が、混色して新しい色を作ることが「神への冒涜《ぼうとく》行為」と述べている。芸術に対して否定的だったプラトンに対して、弟子である**アリストテレス**は『**色彩論**』を記し、その中で「色は白と黒の間に生じる」と述べている。この2人の思想は、18世紀にイギリスの物理学者**I.ニュートン**が登場するまで、長い間、ヨーロッパの色彩観を支配してきた。

はじめて色を科学的にとらえた人物

アイザック・ニュートン

Isaac Newton

（1643～1727）

イギリスの物理学者、数学者、天文学者。万有引力の法則や運動の法則を発表し、近代物理学の基礎を築いた。1666年にプリズムを用いた実験で太陽光を分光してスペクトルを発見。1704年に『光学』で物理学的側面から光と色についての見解を発表し、ギリシア時代からの通説を覆した。

現在の色彩心理の基盤を作った

ヨハン・ヴォルフガング・フォン・ゲーテ

Johann Wolfgang von Goethe

(1749～1832)

ドイツの詩人、小説家。哲学や自然科学にも優れ、晩年は光と色の研究に力を注いだ。色彩は光と闇との相互作用によって生じるとし、1810年に発表された『色彩論』の中でニュートンを批判。約20年かけて執筆したとされるその大著では、色の生理的、心理的作用に触れ、現在の色彩心理の基盤を作ったといえる。

ニュートンとゲーテの功績

その間にも、光学や視覚論、色の語源などに触れたいくつもの色彩論が出され、**レオナルド・ダ・ヴィンチ**のような天才的な画家たちによって色の研究も行なわれた。

しかしニュートンが著書『**光学**』で発表した、白色光《はくしょくこう》(太陽などの白い光)はさまざまな色の光が重なったものとする実験報告は、色と光についてのそれまでの常識を覆《くつがえ》したのだ。

アリストテレスに深く傾倒していたドイツの文学者**J.W.ゲーテ**がニュートンを徹底的に否定し、それに対抗すべく『**色彩論**』を発表して、色の生理的作用や感覚的作用について述べたことは有名である。

色彩学の基盤の形成

19世紀は、技術的な進歩や産業革命などから、色に対する環境が整う時代である。色彩学の基盤ができ、また心理学も成立してクロスする時代となった。

フランスの化学者**M.E.シュブルール**が、この時代に『**色の同時対比の法則**』をはじめ色に関する著書を数冊発表し、芸術家にも影響を与えている。この功績は大きく、彼に触発された書物がこの後に多く出版され、ヨーロッパの色彩学の基礎が固まったとも考えられる。

また、心理学の前身である**感覚生理学**や**精神物理学**が誕生し、色は視覚の現象としてとらえられ研究されていく。ここで研究され、記された色覚《しきかく》や色相《しきそう》、補色《ほしょく》、色の恒常性などは心理学の教科書にも必ず登場する話だが、色彩学の領域でもあるのだ。

現代の色彩学の流れ

色彩学の発展

20世紀に入ると、アメリカの**A.H.マンセル**やドイツの**W.オストワルト**らが、色をとらえるための立体的、構成的な**カラーシステム**（60ページ）を考案した。

また建築を含む美術、工芸の学校として世界的に有名なバウハウスが、1919年にドイツに設立された。ここで教鞭《きょうべん》をとったスイスの**J.イッテン**が、色をどのように使うべきか、その効果と影響を学生たちに指導している。

アメリカの色彩学の特徴

多くの人が色彩心理といってイメージするのは、色が心にどのような影響を与えるのか、日常で色がどのような効果を生み出せるのかということだろう。しかし、心理学ではこの領域を深く研究することは行なわれてこなかった。

そのような分野は、商品のパッケージや広告の色、インテリアやファッションの色、作業効率と色、安全と色など、社会、経済にまつわる研究の中で行なわれていた。また、戦争時にはあらゆる分野の研究が活性化され、作業効率や迷彩色《めいさいしょく》など、色彩の研究も進んだ。

さらにマーケティングに余念がないアメリカでは、20世紀に多くの研究者が、色の効果が経済活動や生活にどのような影響を与えるか、またどのように活用できるかを探っていた。これは実践のための研究である。このアメリカからの流れが、現在の私たちが抱く色彩心理のイメージのもとになっているといえよう。

迷彩柄

敵の目を欺くため、周囲の自然に紛れるよう、戦闘服や戦車などの塗装に施す色や柄を、「**迷彩色、迷彩柄**」と呼ぶ。

植物柄の迷彩柄

よく目にするのは、ベトナム戦争でアメリカ軍が開発したモスグリーンなどで構成される植物柄のもの。

チョコチップ

南極、北極などの迷彩服は白。砂漠の迷彩服には、黄土色に焦茶が入った「**チョコチップ**」と呼ばれる迷彩柄もある。

アメリカの色彩学を代表するABCと呼ばれる、**A.G.アボット**、**F.ビレン**、**L.チェスキン**の3人は、そうした「色彩における機能主義」を徹底的に追求した人物である。

ビレンの役割

3人の中でも、初のカラーコンサルタントとして活躍した**ビレン**の果たした役

色彩にまつわる歴史

BC20万～15万年	墳墓にぬられた赤い顔料など意味を持って色が使われていた。
BC2万～1万年	フランスの**ラスコー**地方やスペインの**アルタミラ**地方で最古とされている**洞窟壁画**が描かれた。赤褐色や黒、黄土色などの色彩を使って馬や牛などが描かれている。
BC5000～1000年頃	世界各地の文明発祥地で色彩豊かな建築物や工芸物が作られる。
ギリシア時代(BC500年頃)	**プラトン**、**アリストテレス**などの学者が人間や色について考察し、理論を発表。
中世(5世紀頃～15世紀頃)	ギリシア時代に展開された色の理論は中世まで受け継がれる。その後**キリスト教**が西洋の文化の中心となり、色彩についてもキリスト教、さらに**錬金術**の影響が色濃く反映された。
ルネッサンス時代(15～16世紀)	**レオナルド・ダ・ヴィンチ**が配色理論を記述。その他、多くの芸術家たちが色を研究。
近代(17～19世紀) 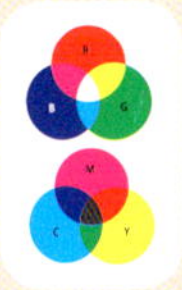	**ニュートン**が『光学』(1704)、**ゲーテ**が『色彩論』(1810)、**シュブルール**が『色の同時対比の法則』(1839)を著す。 T.ヤングによる光の三原色説(1816)、H.ヘルムホルツによる色覚の三原色説(1856～1866頃)、E.ヘリングによる反対色説(1870年代)など、**色覚**についての理論が発表される。 産業革命によって染色技術も発展。
現代(20世紀以降) 	マンセル、オストワルトが、それぞれ色彩を利用するための**カラーシステム**を発表。 先進国の経済成長に伴ってマーケティングにおける色彩効果の研究が始まる。 アメリカの色彩学を代表するABC、アボット、ビレン、チェスキンが登場。

割は大きい。現在の日本で発表されている色の常識や情報の多くは、この当時の彼の著書を原典としたものである。

彼は、物理学、生理学などさまざまな分野の新しい研究報告から「色彩」に関するものを取り出して見せ、色が与える影響について、色の好みでの性格診断も含めて発表している。

主観的な内容と客観的な内容の構成が未整理のため、心理学で彼の著書が扱われることはないが、一般的な疑問や期待に応える内容であったため、社会からは大きく歓迎された。

彼の、アメリカの工場生産率を上げる色の指摘や、安全標識の色の開発は有名だ。特に安全標識の開発は1953年に国際標準化機構に「安全色彩」として採択され、全世界に推薦されるものとなった(77ページ)。消火器や火災報知機の赤、注意力喚起の黄と黒の縞など、現在も使われている。

色彩と心理に関する内容については、文化内での言い伝えや当時の賛否両論ある研究報告から考察したものがあり、反対意見を払《ふっ》拭《しょく》できないまま現在に至っている。しかし、最先端の脳科学なども進んできている今なら、実証可能な実験もあるだろう。

心理学と色彩心理

色は心理学のさまざまな分野で扱われているが、主に、知覚、認知の心理学、人格心理学、臨床心理学の分野で研究されている。

心理学とはどのような学問か

心理学が対象とするもの

心理学とは、人間を理解するため、「**心**」を対象として研究する学問である。分類の仕方に差異はあるが、一般的、理論的な法則の定立を目的とする「**基礎心理学**（**実験心理学**あるいは**一般心理学**ともいう）」に対して、応用的、現場的な研究を行なう「**応用心理学**」に大きく分けて考えることができる。

基礎心理学には、**感覚**、**知覚**、**認知**、**学習**、**社会**、**発達**などの分野があり、人間理解に必要な多くが網羅されている。応用心理学では基礎心理学での研究成果をもとに、**教育**、**人格**、**臨床**、**産業**、**犯罪**など、実生活に役立てるための分野がある。

応用心理学に入る色彩心理学は、言葉としては有名だが、学問としてはまだ体系化されておらず、十分な準備が整っていない分野だ。

色彩自体は、知覚心理学や認知心理学といった基礎心理学で扱うほか、人格心理学、臨床心理学や産業心理学などの領域で扱われている。実際に色彩を扱う領域は非常に幅広く、整理することは難しいといえるだろう。

基礎心理学と応用心理学

基礎心理学

人の心の動きや行動における理論的、一般的な法則を研究。

感覚心理学　知覚心理学
認知心理学　学習心理学
社会心理学　発達心理学
など

応用心理学

基礎心理学によって得られた知識や法則を現実の生活に活用するための研究。

教育心理学　臨床心理学
産業心理学　人格心理学
犯罪心理学　コミュニティ心理学
など

実験心理学の父と称される

ヴィルヘルム・ヴント

Wilhelm Max Wundt

（1832～1920）

ドイツの生理学者、心理学者。1875年からライプツィヒ大学の哲学の教授に就任し、1879年に同大学で「心理学実験室」を創設。これが「心理学」という学問の成立とされ、「実験心理学の父」と称される。ヴントは心とは意識にのぼる経験の集合だと考え、分析的に研究した。彼の功績は大きく、彼のもとで多くの学生が集い、巣立っている。

心理学の歴史――ギリシア時代から17世紀まで――

心理学、色彩学の発祥はともに、すべての学問の黎明《れいめい》期《き》にあたるギリシア時代といえる。学問の源は、世界や人生の原理を追求する**哲学**にあり、心や人間に関する問題がこの時代から考えられていた。

「**心理学**」という発想は新しく、19世紀半ばにドイツの**W.ヴント**が「実験心理学」という言葉をはじめて提唱したことがその始まりとされている。その流れを簡単に見ておこう。

ギリシア時代、医学の祖といわれる**ヒッポクラテス**は、てんかんやうつ病、ヒステリーなど精神疾患について考察を残している。彼は体を構成する4つの体液を仮定し、その影響を受けた古代ローマの**ガレノス**は、4つの気質を仮定した。これが性格類型の発想につながったといわれている。

また西洋思想の根底にあるギリシア時代3大哲学者の1人である**アリストテレス**は、人の心の在り方についてもはじめて体系化した思想を文字として残している。

17世紀に入ると、自然科学が発展する中で、心についての研究も哲学者を中心に進んでいく。

近代哲学の祖といわれるフランスの**R.デカルト**は、心は人間に生まれつき備わっているものという生得説を唱え、心と体は相互作用の関係で、体は自動機械のようなものと考えた。イギリスの**J.ロック**は、デカルトの生得説のような先天的観念を否定し、経験前の心は白紙のようなものとして、観念の分解や合成により変化が生じるという心的過程を説明している。

心理学の流れ

ギリシア時代

「人間とは何か」「心とは何か」といった学問的な考察は、古代ギリシア時代から、哲学や医学の中でなされてきた。
➡プラトン、アリストテレス、ヒッポクラテス、ガレノスなど。

17～18世紀

フランスの**デカルト**やイギリスの**ロック**など哲学者たちが心の中身や心の在り処について考察し、心についての研究が進む。
➡デカルト、ロック、ヒューム、カントなど。

19世紀

生理学や物理学で人間の感覚の研究が進み、精神物理学、感覚生理学が成立。これらを基盤にして科学としての心理学が成立。
➡ヘルムホルツ、フェヒナー、ヴントなど。

20世紀

3つの学派が誕生。

〈ゲシュタルト心理学〉
ウェルトハイマーらによってドイツで生まれた学派。意識は1つのまとまりを持っているとし「全体」を見ることを重視。現在の認知心理学などに影響を与えている。

〈精神分析〉
フロイトが創始した理論体系と療法。意識を重視したヴントに対して、無意識を重視。現在の臨床心理学をはじめ、精神医学や哲学などにも影響を与えた。

〈行動主義〉
アメリカで**ワトソン**によって提唱された学派。客観的に観察、測定できる行動を研究対象とするべきと考える。批判的な意見もあるが、現在の心理学に大きな影響を与えている。

心理学の歴史――19世紀から現在まで――

19世紀に入ると、生理学や物理学の分野で人間の感覚を扱う研究者が多く現れ、心理学の前身といわれる「**精神物理学**」や「**感覚生理学**」が成立する。

感覚生理学を確立させたドイツの生理学者**H.ヘルムホルツ**は色覚を研究し、**3色説**を唱えた（54ページ）。また、ドイツの**G.フェヒナー**は、物理的な刺激と人間の感覚のつながりを研究し、精神物理学を誕生させた。このような人間の五感を科学する流れは、知覚心理学や感覚心理学、認知心理学へと発展していく。この心理学で扱う知覚や認知は、色彩学でも必ず登場するものであり、色彩学の一部は心理学と同じ世界を持つことがわかるだろう。

そして19世紀半ばに**ヴント**が登場し、「**心理学**」が成立したとされている。ギリシア時代からの流れにあった思考に頼る心への考察を、実験をすることで1つの学問として独立させ、科学としての形が整えられていったのだ。

19世紀後半から20世紀初頭にかけて、現在につながるさまざまな研究が行なわれていく。現在の心理学に最も影響を与えた3つの学派は、ドイツの**M.ウェルトハイマー**らによる知覚の研究から始まった「**ゲシュタルト心理学**」、有名な**S.フロイト**が治療の中から発展させた「**精神分析**」、アメリカの**J.ワトソン**による客観的観察が可能な行動を研究対象とした「**行動主義**」だという説が一般的である。

これらの研究から、前述したようなさまざまな心理学の分野が生まれ、現在に至っているのだ。

色彩を扱う心理学の主な分野

基礎心理学、応用心理学の中の色

心理学での色の扱われ方を、先述したいくつかの領域で簡単に見ておこう。

色彩は感覚の中でも視覚の現象としてとらえられ、基礎心理学の各分野で広く研究されている。視覚優位な人間にとっては、心に影響を与える非常に重要なテーマなのだ。

知覚や**認知**の心理学では、刺激としての色彩が、どのように人に受け取られ、意味を持ち、処理されるのかといったことが扱われている。色彩学で学ぶ色相、明度といった基本から、対比など色の見え方、錯視《さくし》もこの領域に入る。さらに色がどのようなイメージを持たれるかも検討されている。色彩が与える印象をとらえ尺度化して見せるには、測定法の1つとして**SD法**（セマンティック・ディファレンシャル法）があり、ときどき雑誌などでも下に示したグラフのような図として登場しているだろう。

これら基礎心理学の研究は、実際の生活で活用するために応用心理学で扱われる。応用心理学で色を扱う分野は、色が及ぼす消費行動への影響、工場の安全性や空間の快適性、国民性の差や芸術の意味など、わかりやすい分野を挙げただけでも、**産業**、**環境**、**文化**、**芸術**と領域を細分化すれば限りなく、ほとんどの領域といえるだろう。また、次々に新しい心理学も誕生している。

セマンティック・ディファレンシャル法（SD法）

1952年にアメリカの心理学者C.オズグットが言葉の心理的研究のため開発した。現在はさまざまなイメージの調査に使われている心理学的測定法。図のように、評価尺度の両端に反対の意味を持つ形容詞を置き、その間を5～7段階の尺度に設定して、被験者にテーマについて個々の印象に当てはまるところにチェックしてもらい、統計分析も可能。

図は、1994年に大山正による、赤と青の色紙に対する日本、アメリカ、台湾の被験者の平均的評定結果を比較したもの。

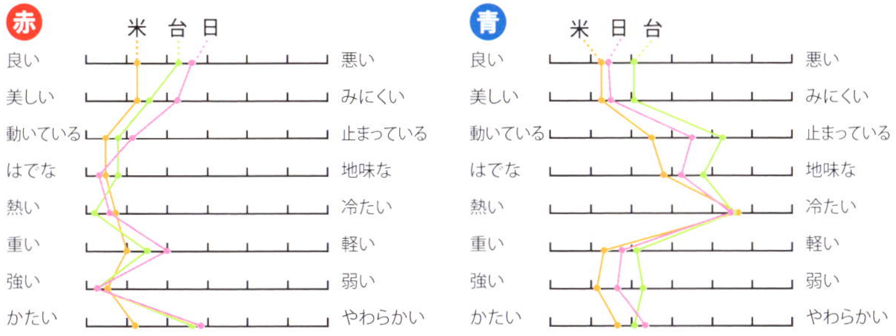

出典：大山正『色彩心理学入門』中公新書

心の問題などを扱う領域と色

こうして見ると、応用心理学が扱う色彩の内容は、アメリカの色彩学者、カラーコンサルタントが扱ってきた内容と変わりないことがわかる。彼らは応用心理学の結果を踏まえ、さらに実践的指南をしてきた。たとえば部屋の色を、目的に合わせて照明や素材で演出するといった実践である。

こうした日常で色彩学と心理学は重なっているが、心理学では科学としての検証がより高く求められるため、色の研究は難しいといえるのだ。

ところで多くの人が心理学として思い浮かべるのは、性格の診断や解釈、また個人の問題や心の病気を扱う領域ではないだろうか。

一般に、これらは、**発達心理学**、**人格心理学**、**臨床心理学**、**カウンセリング心理学**、**健康心理学**などを中心とした分野だ。3章で説明する、色を活用した**人格検査**、表現を用いた**芸術療法**などの、治療や援助も行なわれている。

近年では特に、心の治療、問題の解決が注目され、カウンセリングも病気に携わる分野と、病気以外の問題解決に携わる分野がある。臨床心理学は、精神医学と重複して病的な状態を扱う心理学とされてきたが、昨今は病気か病気ではないかの判断がますます難しくなっているのも事実だ。

これらの領域で色彩は、治療や援助に必要な情報収集のツールとして、また治療そのものの技術、さらに心の健康を維持するための方法として、役立っている。

言葉から連想する色

下の表は1963年に大山正らによって行なわれた調査結果。14の象徴的な内容の単語（象徴語）を145人の女子短大生に見せ、16色の中からイメージに合った色として選ばれた上位3色である。

象徴語と選ばれた色　（数字はその象徴語に対して最も適合しているとして選ばれた度数）

怒り	赤（67）、橙（20）、黒（18）	郷愁	黄緑（28）、緑（24）、黄橙（21）、青（21）
嫉妬	赤（36）、紫（26）、橙（24）	家庭	黄橙（40）、橙（27）、ピンク（24）
罪	黒（57）、灰（50）、青紫（11）	愛	赤（59）、ピンク（19）、橙（18）
永遠	白（30）、緑味青（25）、青（19）	純潔	白（127）、緑味青（6）、赤（3）
幸福	ピンク（26）、黄橙（23）、橙（20）	夢	ピンク（40）、緑味青（22）、黄（15）
孤独	青（33）、灰（30）、黒（21）	不安	灰（82）、紫（10）、黒（9）
平静	青（29）、緑（24）、緑味青（21）	恐怖	黒（62）、灰（30）、赤（12）

出典：大山正・田中靖政・芳賀純（1963）.日米学生における色彩感情と色彩象徴,「心理学研究」34,109-121

心理学の中の色彩

基礎心理学の中の色

人は色などの情報をどのようにとらえ、どのように感じ、どのように影響されるのかなどの基本的な問題を研究。色は感覚の中の知覚として研究される。

たとえば、同化や対比、錯覚などの現象がなぜ起こるのか、またどうやってそのように知覚されているのかといったことを考える。

縁辺《えんぺん》対比によって色と色の境にラインが見える。
➡70ページ

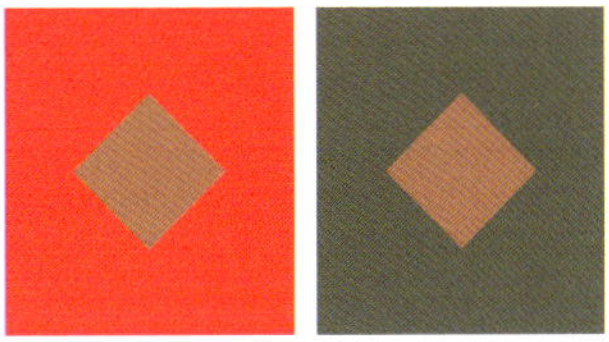

中の色は同じ色なのに彩度対比によって違う色に見える。 ➡69ページ

応用心理学の中の色

臨床心理学、人格心理学、産業心理学、健康心理学、芸術心理学など、さまざまな分野で色と人の心や行動の関わりが研究されている。

たとえば、いろいろな色の中からどんな色を選ぶか、どんな色に反応するかといったことを分析し、性格特性などが探れないかを考える。

心理テストの1つ、カラー・ピラミッド・テスト。
➡93ページ

色の影響と無意識の関係

心理学の今日の在り方で、色と心の関わりに大きく影響したのは、先の歴史に登場した「精神分析」の**フロイト**が発見した「**無意識**」である。

日常で、私たちの行動は意識下に置かれていると思っているが、実は自分では意識できない領域、無意識が、行動にも言動にも影響を及ぼしている。この無意識内に不安や葛藤《かっとう》が抑圧《よくあつ》されていると考えられ、こうした無意識の領域を扱う心理学を「**深層心理学**」と呼んでいる。深層心理学には、フロイトの精神分析のほか、後述する**C.G.ユング**の分析心理学なども含まれる。

色彩が持つ影響は、こうした無意識の存在を考えずには取り扱うことができない。また、これらの心理学は研究ではなく、治療や問題解決といった、実際の臨床的な場での理論として大きく影響を及ぼしている。

そこで無意識と治療に深く貢献した、2人の人物とその理論を見ておこう。

フロイトとユングの役割

臨床の現場では色は心理テストや芸術療法で扱われ研究されているが、その始まりはフロイトとユングの無意識や象徴性に対する考察である。

無意識を発見したフロイトの功績

フロイトの確立した治療法

フロイトの最も大きな功績は、心の領域に「**無意識**」を発見したことだ。

オーストリア・ウィーンの精神科医だったフロイトは、病気ではないのに歩けなくなったヒステリー患者の治療にあたった。ここで彼は、患者本人には意識できない何かがあり、意思に関わらずそれが影響を及ぼして病気のような状態を作るという考えにたどり着いた。

そして患者を催眠《さいみん》状態にし、本人が日常で気づいていない問題を探し、それを語らせることで症状を軽減させたのである。初期はこの「**カタルシス（浄化）療法**」と呼ばれる治療法を行なっていたが、後に「**自由連想法**」という、患者に思いつくままを語らせる方法を考案した。

こうした治療からフロイトは、心には「**意識**」「**前意識**《ぜんいしき》」「**無意識**」という３つの領域があると考えた（右ページの図）。

人にとって受け入れられない、認めたくない欲求や願望、感情があるとき、人はそれを受け入れると耐えられないた

精神分析の創始者

ジーグムント・フロイト

Sigmund Freud

（1856～1939）

オーストリアの精神科医。ヒステリーなどの神経症患者の治療にあたり「精神分析」を創始。最大の功績は「無意識」の発見であり、幼児期体験の影響を重視し、無意識の力を性的なものと関連したリビドーという概念で説明した。フロイトの理論は、現在の精神医学や心理学をはじめ、多くの諸科学に影響を与えた。

©Photo Researchers/Science Source/amanaimages

め、無意識の層に抑圧《よくあつ》しておくというのだ。これが**無意識化**である。無意識化をしても、その感情は残っているので、私たちの無自覚な行動や夢の内容に、何かの「**象徴的な形**」をとって現れるという。

自由連想法によって、無意識の中に隠された問題を治療者が探して解釈し、患者がそれを考え受け止めることで、治療が進むとフロイトは考えた。

この無意識の存在は、病気の治療をする精神医学に影響を与え、さらに心理学全体にも広がって基本的な考えとなったのである。

フロイトの考えた心の構造

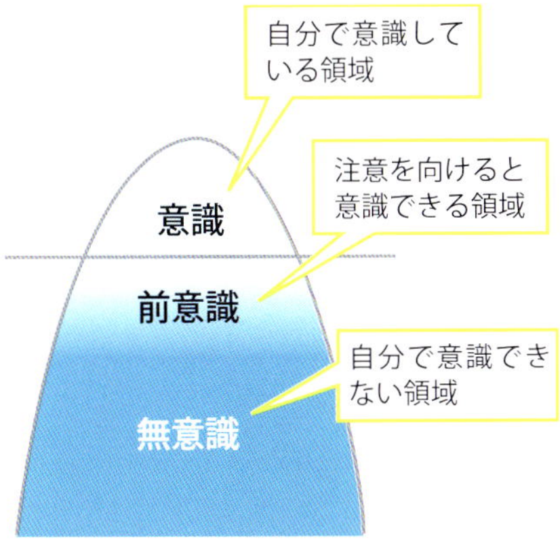
自分で意識している領域
意識
注意を向けると意識できる領域
前意識
自分で意識できない領域
無意識

意識に現れているのはほんの一部にすぎず、大部分はその奥の無意識に隠されている。

その後の治療に大きく貢献

現在でもフロイトの「**夢判断**」は有名だ。問題となる「何か」が、「象徴的な形」をとって現れるので、夢は無意識を知るための道と考えられている。

この「**象徴性**」という発想も、後の芸術療法（102ページ）には非常に重要だ。自分でもわからないまま表現した中に、問題は直接的な形をとらず「象徴的な形」となって現れ、それを扱うのが芸術療法だからだ。また自由連想法は、ロールシャッハ・テスト（94ページ）など、現在の治療や心理テストに大きな影響を与えたのである。

この、無意識の世界にアクセスすることが治療には重要だとする考えは、革命的だった。しかしフロイトは、無意識に隠されたものは、性的な願望など、よくないもの、消し去るべきものという考えしか持っていなかった。

無意識に大きな可能性を見つけ、芸術療法などにつながる治療的視点でとらえたのは、次に説明する**ユング**である。

フロイトの考えた夢や症状の原因

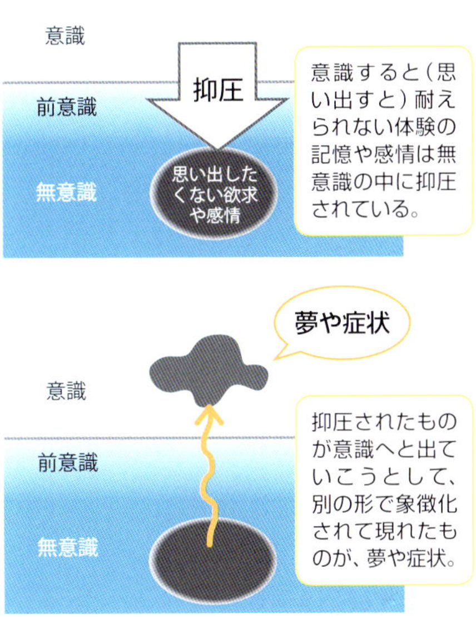
意識
前意識
無意識
抑圧
思い出したくない欲求や感情
意識すると（思い出すと）耐えられない体験の記憶や感情は無意識の中に抑圧されている。
夢や症状
意識
前意識
無意識
抑圧されたものが意識へと出ていこうとして、別の形で象徴化されて現れたものが、夢や症状。

ユングの理論と芸術療法への貢献

フロイトとユングの違い

フロイトと同様に、無意識の世界と治《ち》癒《ゆ》について深く研究したのが、スイスの精神科医で心理学者の**ユング**である。ユングが創設した「**分析心理学**」は非常に奥が深い。ここでは、治療として重視した創作活動に関連する無意識などを中心にして説明しよう。

ユングとフロイトの違いは無意識のとらえ方ともいえ、単純化すると大きく2つの点が挙げられる。

フロイトが無意識を個人的なものととらえたのに対し、ユングは無意識を、「**個人的無意識**」と、人類に共有される「**普遍的無意識（集合的無意識）**」の２つの層に分けた。フロイトの発想にこの普遍的無意識の層がないことが、決定的に異なる点である。

つまりユングは、人の心の構造は、意識を含めて３つの層からなっていると仮定したのだ（右ページの図）。

またフロイトは、無意識に隠されたものは心を破壊してしまうような力を持つ性的欲望などで、消し去るべき悪いものと考えていた。しかしユングは、そうした破壊的力を持ち危険であることを認めつつも、そのエネルギーは悪い力というのではなく、むしろその人の一部として取り込むことで創造的な方向へ使うことができ、治療や問題解決につながる力になると考えていた。

無意識の可能性を肯定

カール・グスタフ・ユング

Carl Gustav Jung

（1875～1961）

スイスの精神科医。「分析心理学（ユング心理学）」を創始。コンプレックスという概念、人格を分類する内向—外向といったタイプ論を提唱し、また無意識を個人的無意識と普遍的無意識に分けた。自己実現は人間の究極の目的に向かう過程とし、その原動力として無意識が持つ創造的な力を重視。夢の分析や創作活動を通した治療を行ない、現在の芸術療法へつながっている。

©Bettmann/CORBIS/amanaimages

ユングの考えた心の構造

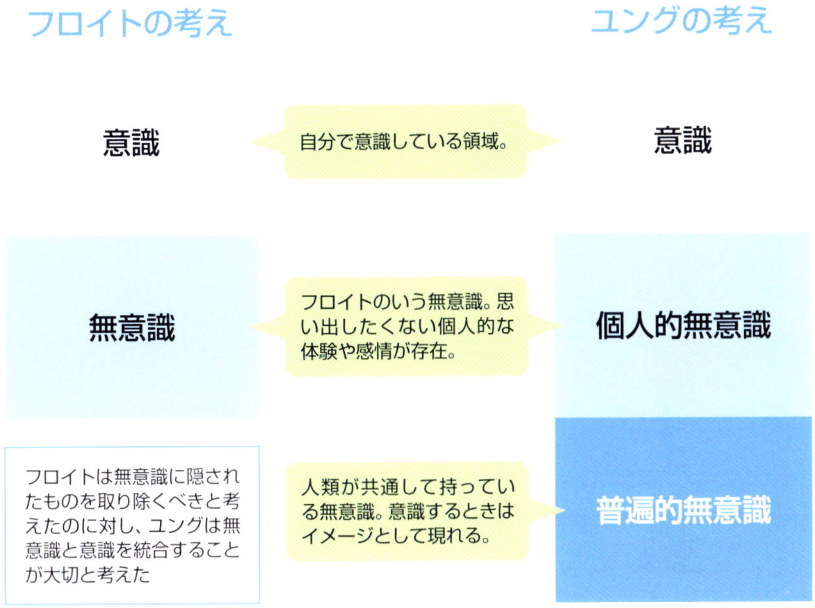
フロイトの考え
ユングの考え
意識
自分で意識している領域。
意識
無意識
フロイトのいう無意識。思い出したくない個人的な体験や感情が存在。
個人的無意識
フロイトは無意識に隠されたものを取り除くべきと考えたのに対し、ユングは無意識と意識を統合することが大切と考えた
人類が共通して持っている無意識。意識するときはイメージとして現れる。
普遍的無意識

ユングの考えた無意識、元型

ユングの難しい理論の一部を非常に簡単に述べると、人が生きていく過程は、「自分とは何か」という問いの答えを探す**自己実現の過程**だとした。

この深い問題に対して、ユングは自分の中の無意識の力を借りることが大切だと考えた。つまり、個人的に無意識に隠したもの、また普遍的に無意識にある危険なものともアクセスし、意識と統合しようと試みることが重要だとした。

ユングは、人類共通の普遍的無意識から湧き上がるものを人がとらえようとするとき、それは似たような**イメージ**になることを研究の中で確信した。そしてその根底には、いくつかの「**元型**《げんけい》」と呼べるものがあるとの考えに至ったのだ（次ページの図）。

たとえば渦巻きのような深淵《しんえん》は、元型の「**太母**《たいぼ》」（次ページ）につながった母親の一面を象徴することがある。それは、人の夢や誰かが描いた絵画、また統合失調症の患者が持つ幻覚や妄想からも確認することができるといわれる。さらに古代の神話やおとぎ話にも見られ、普遍的に人類が共通して持つものだという。

こうした無意識は、夢によって生じるイメージからも理解できるとユングは考えている。また、意識がありながらイメージを生じさせるのが、絵画などによる表現なのだ。

ユングの考えた主な元型

元型は、共通のモチーフによって人間の普遍的無意識を表す。

自己（セルフ）

心の全体性であり、心の中心。それが人格化されると老賢者や女神、幾何学的になると曼荼羅《まんだら》として表される。

ペルソナ

人が外界に適応するための心の構えであり、態度といえるもの。

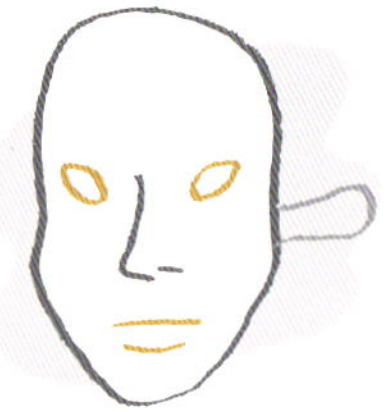

影

その人が意識の中で生きてこれなかった反面、受け入れがたい面ともいえる。

アニマ

魂そのものまたは魂の導き手として、男性では無意識の中の女性のイメージとなる。

アニムス

男性にとってのアニマと同様、女性にとっての魂や導き手、無意識の男性のイメージ。

太母《たいぼ》

母なるものの元型。生と死という両方のイメージを持つ太母（グレートマザー）。

老賢者《ろうけんじゃ》

男性にとってのセルフの人格化で、助言や忠告を与える知恵深い人格像。女性の場合は至高の女神として現れることも。

芸術療法への発展

ユングは**イメージ**を大切にし、それを生み出す夢、さらに描画、造形などの創造行為が、意識を無意識につなぎ、治療を促進させると考えた。

こうした考えに至ったのは、彼自身が一時期、統合失調症のような状態に陥り、絵画などの創作活動を続けることで治癒《ちゆ》していった経緯があるからだ。そして描画や彫刻を生涯を通して続けた。

このため彼は多くの患者に描画などの創作活動を勧めており、スイスに設立されたユング研究所には、現在も当時の患者によって描かれた多くの作品が残っている。彼の発想が、今日の芸術療法の礎を作ったといえるのだ。

描画などの活動は、それを創造する過程にも、でき上がった作品にも意味がある。無意識の問題を直接ではなく比喩《ひゆ》的な形で表現し、問題に飲み込まれている本人が問題を象徴的にとらえられ、このとき問題と問題を解決する自分という関係が築かれて、解決への道筋が作り出せると考えるからだ。

しかし表現されたイメージは、本人にもわからないほど比喩的なことが多い。治療者はさまざまな象徴性を理解し分析しながら、その作業に寄り添っていくことが求められる。

また表現の中で色は、イメージが持つ象徴性をより生き生きと感じさせる装置として、重要だと考える研究者が多い。それは白黒の映像とカラーの映像では、臨場感が違うことでもわかるだろう。

さらに色彩についても研究するのは、そこにある象徴性をとらえようと試みるからだ。色の象徴性は、一般的な色の体験が生む連想、記号化されたイメージや象徴性と重なる部分もあるが、それだけではない。渦巻きが母親のある一面を象徴するように、無意識が作り出すイメージは単純につながらないのだ。そのため、芸術療法での色彩と象徴性の研究は、まだ発展の途上にあるといえよう（3章参照）。

だが「表現すること」は、それだけでも抑圧《よくあつ》されていた感情を解放することになり、心の状態が変わると考えられている。治療という場だけではなく、個人的に行なうことで危機を乗り越えてきた人も実際に多いのだ。

表現することと芸術療法

Column

ある女性は中学生になって突然絵を描きたくなり、ずっと描きつづけて、芸術系大学に進学した。その頃、家族間の大きな問題に変化があった。そのとき女性は、自分では描くことが好きだと思っていたが、実は描くことで苦しい状態を乗り切っていた自分に気づいたのだ。

家族の問題が終結しそうになったとき、描くことへの興味が急激に薄れていく感覚をはっきり自覚したのである。しかし、もし何も描かずにいたら深い病的な状況に陥っていたといえる。

こうした絵画や造形などの表現は治療や問題解決への道を開くと考えられている。それを治療として行なうのが芸術療法。

➡詳しくは3章参照

第2章

色の見え方の不思議

私たちが見えている物には色がついている。しかし、色はその物自体についているのではない。人は、ある範囲の波長だけを光と感じ、それが物体や視覚を通して、最終的に脳で色と知覚する。つまり、色は人の感覚が引き起こす現象によって見えるのだ。そのため条件によって色の見え方は変化し、多くの不思議な現象が生じる。また、色が私たちの感覚や感情に影響を与えることもわかっている。

本章では、前半で、色とは何か、どうして色が見えるのか、色はどのような特徴を持っているのかといった色彩学の基礎知識を簡単に学び、後半ではさらに色の見え方が人間の感覚や感情にどのような影響を与えるのか、知覚心理学などの視点から説明する。

色とは何か

光、物体、そして人間の眼と脳の反応があってはじめて、人間にとっての「色」と感じるものが生まれる。

色と光の関係

色は光の中にある?

色の話をするにあたり、まずその物自体に色が「ついて」いないことを説明しよう。なぜなら、色は形や質感のように、その物自体に、「ついて」いるように見えてしまうからだ。

「ついていない」のならば「色」はいったいどこにあるのか。その始まりは**光**である。無色透明に見えている白い光の中に、私たち人間に色を感じさせる要素があるのだ。

太陽の光や蛍光灯の光は「**白色光**《はくしょくこう》」と呼ばれる。無色透明に見えるこの白い光の中に、人間が感じることができるすべての色の要素がある。そのことを発見したのは、**I.ニュートン**だ。

1666年、彼は太陽の白色光をプリズムに通して分光したところ、さまざまな光の色の帯が現れた。無色透明に感じていた白い光は、いくつもの色の要素が重なってできていることを証明したのだ。

プリズムによる白色光の分解

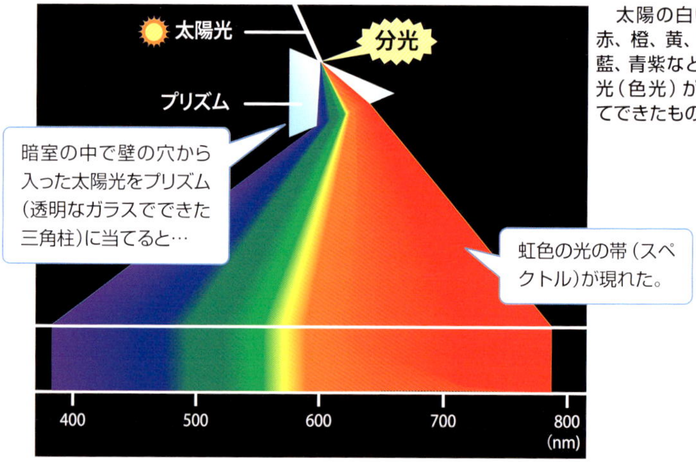
太陽光
分光
プリズム
暗室の中で壁の穴から入った太陽光をプリズム(透明なガラスでできた三角柱)に当てると…
虹色の光の帯(スペクトル)が現れた。
400
500
600
700
800
(nm)

太陽の白い光は、赤、橙、黄、緑、青、藍、青紫などの色の光(色光)が複合してできたもの。

電磁波の種類

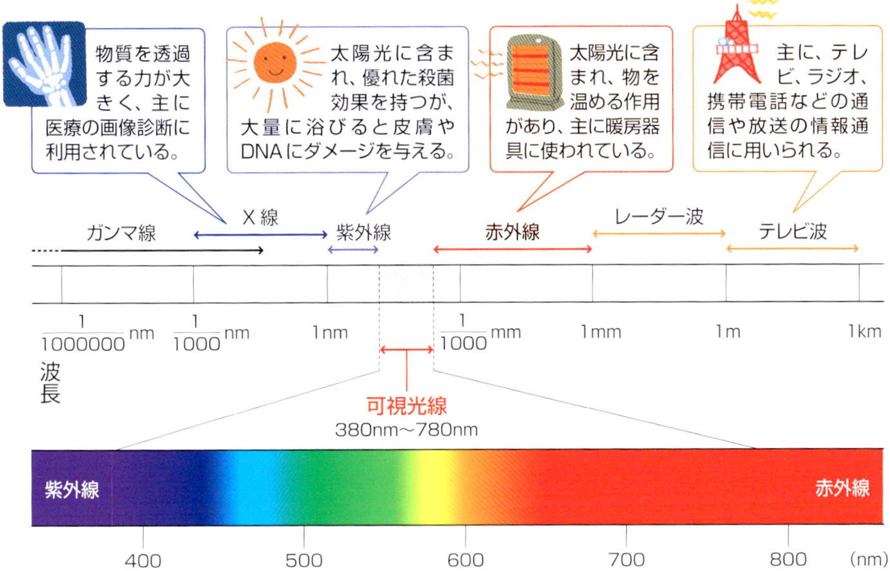
物質を透過する力が大きく、主に医療の画像診断に利用されている。
太陽光に含まれ、優れた殺菌効果を持つが、大量に浴びると皮膚やDNAにダメージを与える。
太陽光に含まれ、物を温める作用があり、主に暖房器具に使われている。
主に、テレビ、ラジオ、携帯電話などの通信や放送の情報通信に用いられる。
ガンマ線
X線
紫外線
赤外線
レーダー波
テレビ波
1/1000000 nm
1/1000 nm
1nm
1/1000 mm
1mm
1m
1km
波長
可視光線
380nm〜780nm
紫外線
赤外線
400
500
600
700
800
(nm)

光は電磁波の一種

では「光」とは何か。光は**電磁波**《でんじは》の一種で、電磁波とは電場《でんば》と磁場《じば》が作る放射エネルギーの1つである。電磁波は波《は》長《ちょう》の長さによって種類に違いがあり、長波長側から、テレビ波やレーダー波、赤外線、紫外線、X線、ガンマ線などとなっている。波長の長さはnm（ナノメーター）で表され、1nmは10億分の1m（100万分の1mm）だ。

赤外線と紫外線の間の約380nmから780nmまでが**可視光線**《かしこうせん》と呼ばれ、人に色覚を生じさせる領域となっている。太陽光には赤外線や紫外線も含まれているが、可視光線以外の電磁波を人間は見ることができないため、気づかないのだ。

私たちが感じる色の違いは波長の長さの違いにより生じている。波長の長いほうから、赤、橙《だいだい》、黄、緑、青、藍《あい》、青紫（菫《すみれ》）と人は感じる。虹も波長の順番で並んでいることがわかるだろう。

複合光と単色光

太陽光のようにたくさんの色の波長が含まれている白色光を「**複合光**」、それを構成している1つ1つの波長を「**単色光**」と呼ぶ。そして、白い光の複合光を分光してできる虹の光の帯を「**スペクトル**」と呼んでいる。

虹を見ても、色と色の間は連続しているので、はっきりした区切りはない。虹が国によって5色、6色、7色などと異なるのはそのためである。

人が色を「見る」ための条件

物体の色が存在するためには、**光**、**物体**、そして**人間に起きる感覚の反応**という3つが必要となる。「色を見ている」というのは、人間の主観的な現象なのだ。

では、人が色を見ている状態とはどのようなことなのだろうか。物体の色を見るときの流れを簡単に説明しよう。

太陽のように自ら光を発するものを、**光源**《こうげん》という。光源からの光が物体に当たると、その物体が持つ、人に色を感じさせる特徴にしたがって、ある波長《はちょう》は反射され、ある波長は吸収される。たとえば黄色の物体ならば、だいたい500nm～600nmの中波長と600nm～700nmの長波長を反射し、400nm～500nmの短波長を吸収するといった具合だ。

反射された波長は人の眼に入り、視細《しさい》胞《ほう》を刺激して、その信号が脳に伝わって処理される。ここではじめて色があることを感じるのだ。

光や物体は物理量としてとらえることができるが、人間が感じている世界を物理量としてとらえることはできない。色は、人の内側に起きている現象と外部の刺激とのつながりによるもの、つまり物理量と心理量で作られた現象なのだ。

色の見え方――光源色と物体色

光源からの光が物体に当たり反射され、眼がとらえた色を「物体色」という。これに対して、光源の光がそのまま眼に届きとらえた色を「光源色」という。

物体色には、光が物体に反射した「表面色」と透過した「透過色」がある。

光源色 太陽などの光源の光がそのまま眼に届き、感じる色。

物体色

表面色 物体に当たってその表面で反射した光が眼に届き、感じる色。

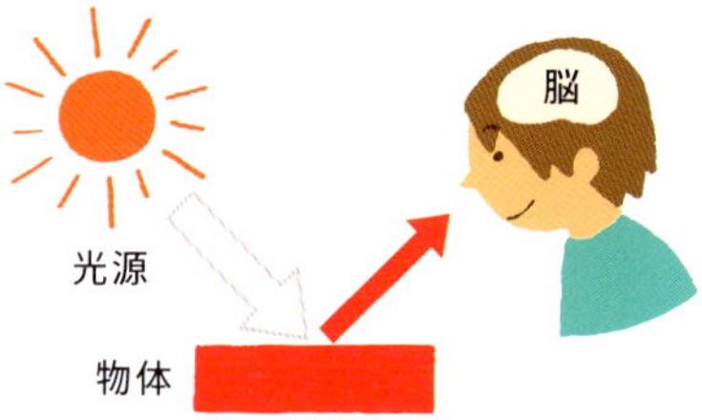

透過色 ガラスなどの物体を透過した光が眼に届き、感じる色。

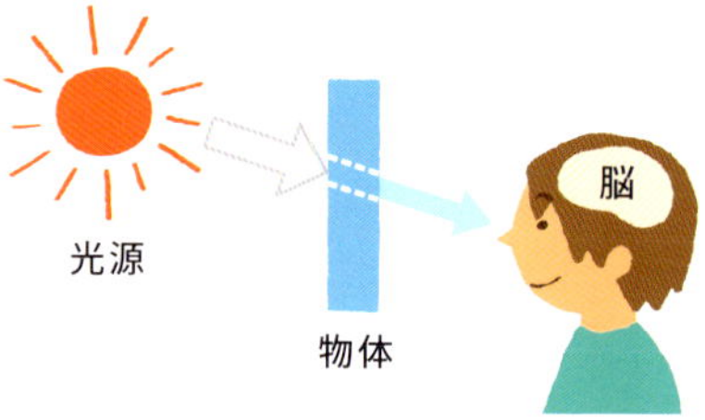

光源の性質で見え方が変わる

測色用の光——標準イルミナント

物体の色は光によって影響を受ける。光の質が変化すると、知覚される色も変化して感じられ、正確に色を測る場合などで問題が生じる。

そこで国際照明委員会（CIE）および日本工業規格（JIS）では測色《そくしょく》用の光を決め、これを「**標準イルミナント**」と呼んでいる。標準イルミナントは、エネルギーの分光分布と次に説明する色温度《いろおんど》が定められている。

JISが設定している標準イルミナント

- **標準イルミナントA**
  白熱灯を代表する光。
- **標準イルミナントD_{65}**
  紫外線を含む昼光を代表する光。

色温度——色と温度の関係

「鉄は熱いうちに打て」という言葉があるが、釘などの鉄を実際に熱してみると、最初は赤く光りはじめ、やがて白っぽい色になっていく。このように、温度の高低と色には関係があるのだ。

この光の色と温度の関係を数値化したものを「**色温度**」（単位はケルビン［K］、−273℃が0《ゼロ》K）という。仮想の物体である黒体《こくたい》を加熱した際に起きる色の推移をベースに、低温では赤みが強く、高温では青みが強くなっていく変化を数値化したものだ。色は温度が低い状態では暗い赤で、高くなるにつれて赤、橙《だいたい》、黄、白、青白と変化していく。

2つの標準イルミナントの分光分布と色温度

標準イルミナントA 色温度約2856K《ケルビン》

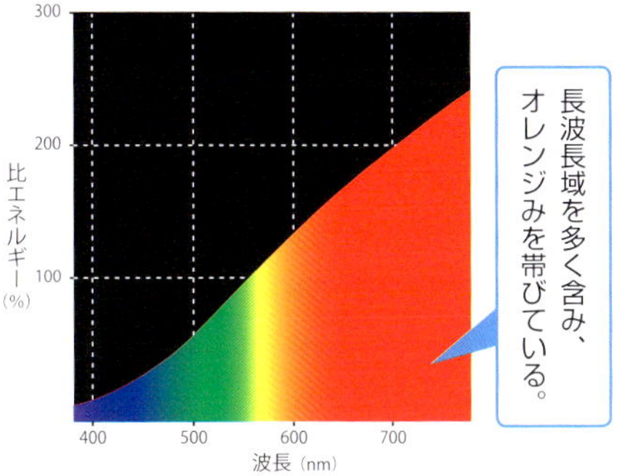

300
200
100
比エネルギー（%）
400
500
600
700
波長（nm）
長波長域を多く含み、オレンジみを帯びている。

白熱灯の光。
白熱灯による照明下での測色に用いられる。

標準イルミナントD_{65} 色温度約6504K《ケルビン》

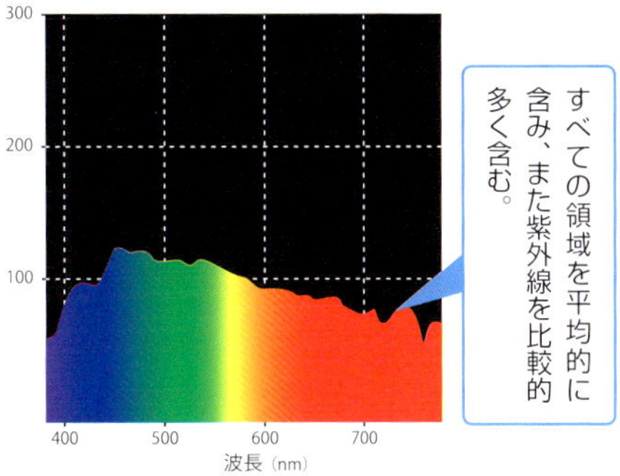

300
200
100
400
500
600
700
波長（nm）
すべての領域を平均的に含み、また紫外線を比較的多く含む。

平均的な昼光。
蛍光物質を含む物体の測色に適している。

自然光と主な照明の色温度

照明の色温度が低いと温かみがあるように感じられて落ち着き、高いと涼しげな印象を与えるといわれ、商業施設の照明などでも工夫して用いられている。

また、色の見え方への影響として、色温度が低いと寒色系は濁って見え、暖色系は鮮やかに見えるが、高いと反対に暖色系は濁って見え、寒色系は鮮やかに見える。

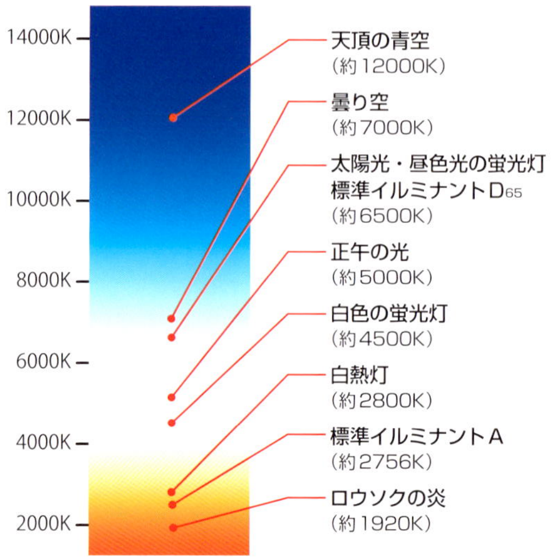

14000K
12000K
10000K
8000K
6000K
4000K
2000K
天頂の青空
(約12000K)
曇り空
(約7000K)
太陽光・昼色光の蛍光灯
標準イルミナントD65
(約6500K)
正午の光
(約5000K)
白色の蛍光灯
(約4500K)
白熱灯
(約2800K)
標準イルミナントA
(約2756K)
ロウソクの炎
(約1920K)

演色性──物体の色を決める光源の性質

照明による物体の色の見え方を「**演**《えん》**色**《しょく》」、その色の見え方を決めている光源の性質を「**演色性**」と呼んでいる。

人間にとって長い歴史の中で光といえば太陽光であり、この光を基本に知覚が形成されてきた。そのため、演色性の考え方における光の基本は太陽光にある。自然で見た状態と同じような色が再現できる光は、演色性がよい光源といえる。

演色性は、自然光に近い測色《そくしょく》用の照明を基準に100とし、ここからの差を数値化したものを**標準演色評価数**(Ra)と呼んで、この数が小さくなるほど演色性が悪いことになる。

例として、一般に普及している蛍光灯で、Dと記されている昼光色(Day light)の色温度は6500K、標準演色評価数は74、同じ蛍光灯でもWの白色(White)になると色温度は4200Kで標準演色評価数は61となる。

しかし数値だけを見ても、その差で生じる質の検討がされていないため、心理的にどのような差が生じるのかはわからない。つまり演色評価数が低めであっても、赤みにずれているのか、青みにずれているのかで、主観的にはよい印象に感じられることもあり得る。

たとえば、先の昼光色の蛍光灯を見ると、演色性は高いが、色温度を見ると白色の蛍光灯より青みが強いことがわかる。人によってはこの2つを比較したとき、演色性の高い昼光色の蛍光灯の青みに対して、かえって不自然さを感じるかもしれない。

色や明るさの恒常性と色順応

屋外から屋内に入ったとき、一瞬色が違って見える。この違和感は一瞬で消え、すぐにいつも通りの感覚を取り戻すはずだ。

これまで見てきたように、光が異なると色の見え方は異なる。しかし違和感を覚えるのは最初だけで、私たちはすぐに、屋外で見ていたときと同じように感じられる。物理的に変化した状態であっても、継続的に一定のものとしてとらえようとする反応が、人間には起こるのだ。

色の恒常性

物体の色が異なる光源の下で、物理的には変化するのに、同じ色として知覚する現象。

大きさの恒常性

見る距離によって物体の大きさは異なるのに、同じ大きさとして知覚する現象。

形の恒常性

見る角度によって物体の形は異なるのに、同じ形のものと知覚する現象。

こうした人間の反応は「**恒常性**《こうじょうせい》」と呼ばれ、色の恒常性や明るさの恒常性の他に、大きさの恒常性や形の恒常性などが生じるといわれている。

また、色に対しては視細胞《しさいほう》でも反応が起きている。光の質が変わると、自然光での視細胞の感度バランスから、その変化に応じたバランスに変わり、自然の光の下で見るのと同様に感じるよう自動的な調整が行なわれる。これを「**色順応**《いろじゅんのう》」と呼んでいる。

こうして人は、光の条件が変わっても、さまざまな機能により安定して色の認識を維持できるようになっているのだ。色の恒常性については、先天的ではなく、乳幼児期の視覚体験によって後天的に獲得されることが、2004年に行なわれたサルの実験から証明されている。

蛍光灯の色による見え方の違い

パルック蛍光灯（パナソニック）の場合のイメージ写真

電球色（3波長形電球色）
色温度3000K。暖かくやさしい光の色。

ナチュラル色(3波長形昼白タイプ)
色温度5200K。正午の光に近い自然な光の色。

クール色(3波長形昼光タイプ)
色温度7200K。色温度の高い爽やかな光の色。

色を感じるメカニズム

光は眼の視細胞によって電気信号に変換される。それが脳へ送られ色や明るさを知覚するのである。

人間が色を知覚する経路

人間の眼の構造

では、光をとらえて色を感じるしくみを見ていこう。

光をとらえるのは**眼**だ。人間の眼はカメラと構造が似ているといわれる。まず、最も外側にありカメラのボディにあたるのが**強膜**《きょうまく》で、直径約24mmの眼球を覆って保護している。強膜の顔の正面にくる部分は**角膜**《かくまく》と呼ぶ。

強膜の内側には、眼球に養分を与える**脈絡膜**《みゃくらくまく》、さらにその内側には**網膜**《もうまく》がある。網膜は脳細胞が発達したものといわれ、**視細胞**《しさいぼう》などの光受容器があり、外部から入射された光刺激を電気信号に変換する。

角膜と**虹彩**《こうさい》、**水晶体**《すいしょうたい》の間には、養分を与える眼房水《がんぼうすい》で満たされた**眼房室**《がんぼうしつ》がある。色素を持つ虹彩はカメラの絞りにあたり、開口部となる**瞳孔**《どうこう》の大きさを変化させて入射する光の量を調整している。瞳孔の縮小時と拡大時の面積比は1：16である。

角膜と水晶体はカメラのレンズに相当

眼球の断面図

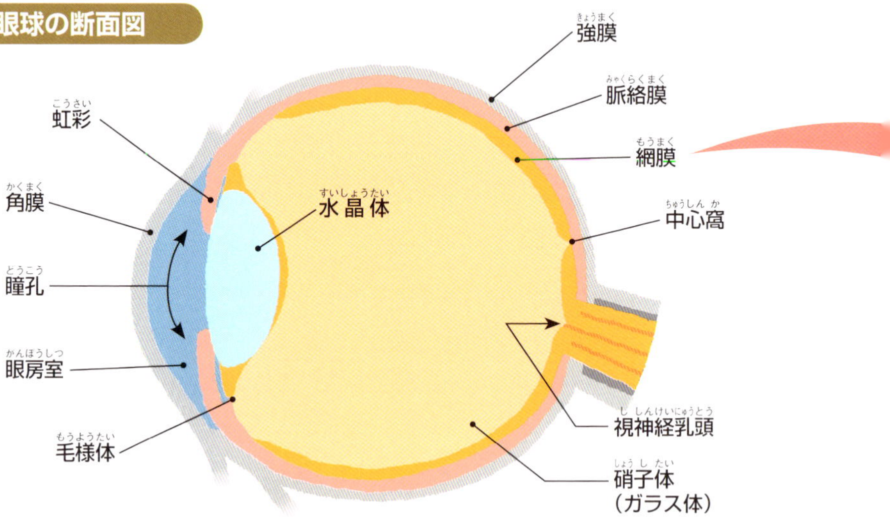
強膜《きょうまく》
脈絡膜《みゃくらくまく》
網膜《もうまく》
中心窩《ちゅうしんか》
虹彩《こうさい》
角膜《かくまく》
瞳孔《どうこう》
眼房室《がんぼうしつ》
毛様体《もうようたい》
水晶体《すいしょうたい》
視神経乳頭《ししんけいにゅうとう》
硝子体《しょうしたい》
(ガラス体)

し、ここで光は屈折して網膜上に像を結ぶ。水晶体は、毛様体《もうようたい》にある毛様体筋《もうようたいきん》の収縮弛緩によって厚みを変化させ、ピントを調整している。水晶体の後ろはゼリー状の硝子体《しょうしたい》で、形態保存の役割を担っている。

網膜にある視細胞の役割

次に、網膜の神経組織を簡単に見ておこう。網膜はカメラのフィルムに相当するといわれる。3層構造になっており、ここで光の情報は次々と集約化され、電気信号として脳へ送られている。

光受容器細胞の層には、**錐体《すいたい》**、**桿体《かんたい》**の2種類の視細胞がある。

錐体は中心窩《ちゅうしんか》と呼ばれる視軸《しじく》部分に集中しており、約600万～700万個ある。明るい状態で働き、色に反応する。赤、緑、青紫に高い感度を示す3タイプがあり、それぞれ**R錐体**、**G錐体**、**B錐体**と呼ぶ。これらは6：3：1の割合で存在している。

桿体は網膜の周辺領域にあり、1億2000万～1億3000万個ある。明るさを感じる細胞で、その感度は錐体の数百倍といわれる。桿体には**ロドプシン**という色素が含まれ、光が当たると分解され、光がなくなると再合成して、明るさの情報を送っている。

光受容器細胞からの情報は次の層の双極《そうきょく》細胞、さらに網膜と脳をつなぐ層の神経節細胞に送られて眼球の外へ流れ、脳へと伝わっていく。その後、情報は脳の大脳皮質《たいのうひしつ》の後頭部にある**一次視《いちじし》覚野《かくや》**に送られ、さらに処理が進んで色や形を知覚する。この過程は単純な情報の移動ではなく、さまざまなしくみによって複雑に選択あるいは集約されていく。こうしてはじめて人間の精密な色と形の把握が可能となるのだ。

網膜の断面図

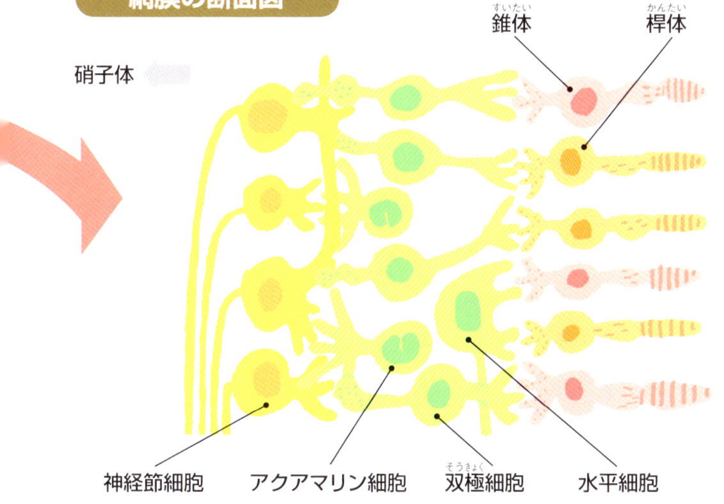
錐体《すいたい》
桿体《かんたい》
硝子体
脈絡膜
神経節細胞
アクアマリン細胞
双極《そうきょく》細胞
水平細胞

網膜に届いた光は、まず神経節細胞や双極細胞の層を透過して視細胞のある層に届き、電気信号に変換される。それが、双極細胞、神経節細胞を経て視神経に届き、脳へと送られる。

盲点を探してみよう

視神経繊維の束が外部に送り出される視神経乳頭《ししんけいにゅうとう》と呼ばれるところには視細《しさい》胞《ほう》がないので、この部位に光が結像しても脳は情報を受け取れない。これが「**盲点**」である。右図の実験①を体験してほしい。うまくその部位に当たると、図のハートが消えて見えなくなるはずだ。

この「見えなくなること」を、ただ納得してはいけない。情報を受け取る視細胞がないならば、そこに映像は生じず、黒い暗点が生じても不思議ではない。

なぜ、ハートがなくなったところが白として「見える」のか。それは、周辺が白いという情報から、脳は妥当と思われる「白い背景」を作り出して、私たちにそう「感じさせた」のである。これが脳のトリックだ。

もう1つ実験をしよう。右の実験②の図を、盲点を探したときと同様にしてみてほしい。さて、上下の黒い棒はどうなっただろうか。棒がつながったはずだ。

中心部は見えていないのに、取得した周辺の、上下に黒い棒があるという情報から、恐らく棒はつながっているのが妥当と「判断」して、そこに「予測」される情報を脳が勝手に当てはめたのである。そのため、盲点に当たって見えない部分に、黒い棒が入ってきたのだ。

このように「見える」といっても、脳の問題として、「見えている世界」の解明は難しいということがわかるだろう。私たちが信じている世界は、思っているほど単純ではないのである。

盲点の実験①

下の図が目の高さにくるように本を両手で持ち、両腕を伸ばして本を遠ざける。右目を閉じて、左目で右の星を見つめながら、ゆっくり本を顔に近づけよう。

左のハートがある地点で消えるはず！

盲点の実験②

実験①と同じように、右目を閉じて左目で右の点を見つめながら、遠ざけた本をゆっくり近づけよう。コツは右の点しか見ないこと。

ある地点で左の棒がつながるはず！

明順応と暗順応

人には環境の変化に慣れて活動できるよう、さまざまな機能が備わっている。たとえば視細胞の錐体《すいたい》と桿体《かんたい》では感度が異なり、次のような役割を果たしている。

明るい場所から突然暗い場所に行くと、はじめはよく見えないが、次第にようすが見えてくる。これを「**暗順応**《あんじゅんのう》」と呼ぶ。暗い場所に行くと、錐体の機能は落ちてよく見えなくなるが、最初の５分から７分で桿体の分解されていた色素ロドプシンが再合成され、辺りが見えてくるのだ。ロドプシンの合成はゆっくり進み、30分ほどで止まるため、それ以上、見えるようにはならない。薄暗いところで主に桿体が働いている状態を「**暗所**《あんしょ》**視**《し》」という。

反対にこの状態から再び明るい場所に出ると、一瞬、見えにくいが、すぐに見えるようになる。これを「**明順応**《めいじゅんのう》」と呼び、明るいところで主に錐体が働いている状態を「**明所視**《めいしょし》」と呼ぶ。明るい場所へ出ると、桿体から錐体の感度に切りかわり、その後、２分から３分で回復し、10分でほぼ完全に明るさに順応する。暗さより明るさへの順応の時間が短いのだ。

日常、こうした錐体、桿体の感度を実感するのは、映画館への出入りなどだろう。

プルキンエ現象

視細胞の感度差が、色の見え方に影響を及ぼすこともある。1825年、当時のチェコスロバキアの医師J.E.プルキンエが発見したため、その名をとって「**プルキンエ現象**」と呼ばれるものだ。

明所視での錐体のピークは555nm。これに対して暗所視での桿体のピークは505nmと短波長側にずれている。夕方のような明るさが変化するとき、錐体から桿体に視細胞の働きも移動する。このとき色の感度のずれにより、明所視で明るく見えていた赤や黄などが暗くくすんで、反対に青や緑が明るく鮮やかに見えるという現象だ。

明所視と暗所視の比視感度

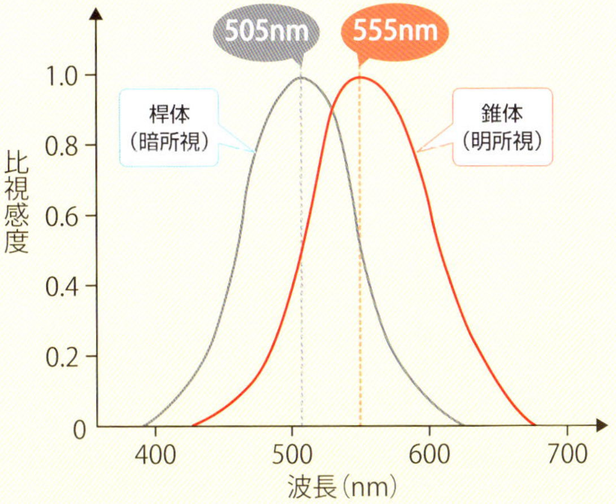

生物の色覚の研究

ヤング－ヘルムホルツの３色説

人の色の知覚については、多くの研究がある。一般的には「**ヤング－ヘルムホルツの３色説**」と、「**ヘリングの反対色説（４原色説）**」が有名だ。

1801年、イギリスの医師で物理学、生理学者の**T.ヤング**は、人間の眼には赤、緑、紫の３色に反応する３種の受容器があればいいと考えた。これをその約50年後にドイツの生理学者**H.ヘルムホルツ**が、赤、緑、青の３色説として理論を体系化した。これが「ヤング－ヘルムホルツの３色説」と呼ばれている説である。

この説では、赤、緑、青の３原色があればすべての色が再現できることで加法混色（64ページ）の説明が、そして３種の受容器のうち１つでも問題が生じれば色の知覚が異なってくることから色覚障害の説明がつく。実際、視細胞《しさいほう》の錐体《すいたい》にはR錐体、G錐体、B錐体があり、それぞれがどのような組み合わせで反応するかによって色の知覚につながっていることがわかっている。

しかしそれだけでは補色残像（67ページ）や色相対比（70ページ）の説明はできない。

ヤング－ヘルムホルツの３色説の概念

赤、緑、青に対して反応（興奮）する３種の受容器があり、
それぞれの反応の割合によってあらゆる色が知覚されるという考え。

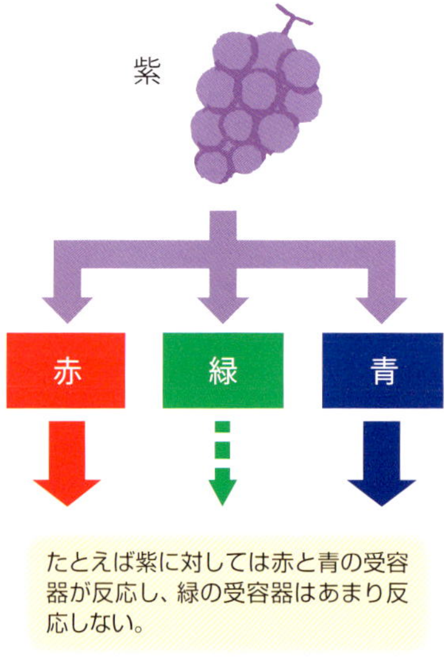
紫
赤
緑
青
たとえば紫に対しては赤と青の受容器が反応し、緑の受容器はあまり反応しない。

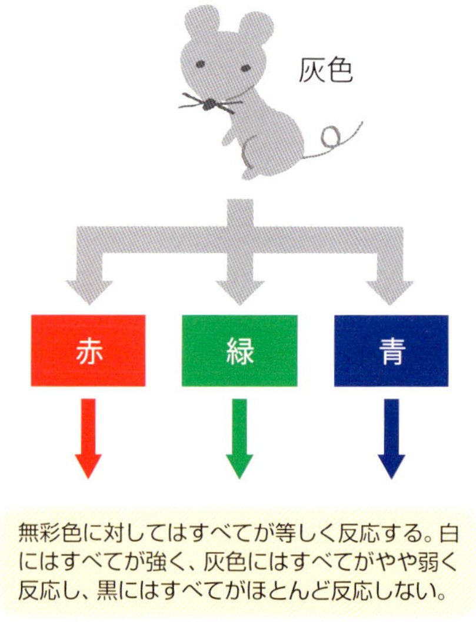
灰色
赤
緑
青
無彩色に対してはすべてが等しく反応する。白にはすべてが強く、灰色にはすべてがやや弱く反応し、黒にはすべてがほとんど反応しない。

ヘリングの反対色説

そこで登場するのが、1878年にオーストリアの生理学者**E.ヘリング**の説いた「反対色説（４原色説）」である。

これは赤、青、緑に黄を加え、網膜《もうまく》には反対の色の関係にある２色に反応する赤―緑視物質と黄―青視物質、さらに明るさの情報として白―黒視物質があると考え、それらが拮抗的《きっこうてき》に反応した情報を送ることで色覚が生じるというものだ。たとえば、赤の信号が送られるときには緑の信号は止められているという発想である。

この説で加法混色は説明できないが、補色残像や色相対比は説明がつく。

２つの説を融合した段階説

この２つの説はその後、知覚心理学者のL.M.ハーヴィッチとジェームソン夫妻が**「段階説」**を唱えて融合された。

これは、光受容器層の段階ではヤング－ヘルムホルツの３色説が、それ以降の段階では反対色説が起きているという、２段階で色が知覚されるという理論である。

現在はこの段階説の妥当性はかなり認められてきている。しかし、それでも反論はあり、人の主観的世界を実証することの難しさが理解できるだろう。

ヘリングの反対色説の概念

赤、緑、青、黄の４色を基本とし、網膜に赤－緑視物質、黄－青視物質、明るさに反応する白－黒視物質の３組のユニットがあると仮定。

	赤－緑視物質	黄－青視物質	白－黒視物質
同化	緑	青	黒
異化	赤	黄	白

３組のユニットは光の波長によって同化（合成反応）もしくは異化（分解反応）を起こし、色を知覚する。赤と緑、黄と青は同時に反応しない。

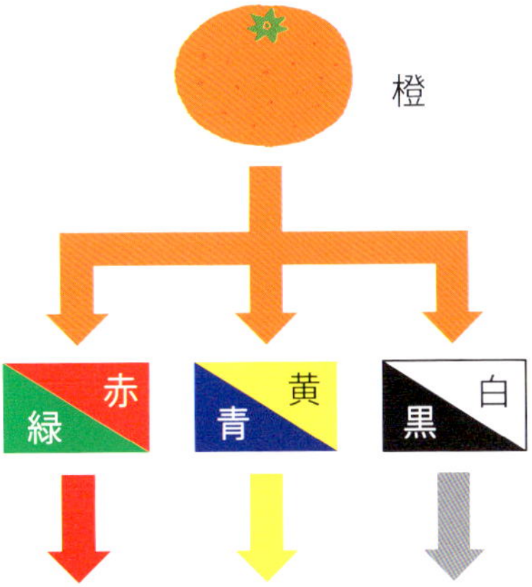

たとえば橙には、赤－緑視物質、黄－青視物質では異化が起き、白－黒視物質では同化と異化が同時に起こる。

生物の色覚を調べる方法

色の実験では、どんなに科学的に検証しようとしても、最終的にほとんどは原始的な方法で確かめるしかない。行動観察、あるいは本人に確かめることだ。しかしそれは対象者（あるいは生物）の脳内でのみ展開されている世界で、他者が真に知ることは難しい。この事実を実感させられるのが、色覚の実験である。

さて、生物の色覚を調べるには３つの方法が考えられる。

１つ目は、直接的に網膜《もうまく》の視細胞《しさいぼう》の感光色素を調べる**化学的方法**。

２つ目は、視細胞や神経節細胞、視神経や脳の細胞といった細胞に微小電極を差し込み、どのような電気的活動を示すかを確かめていく**神経生理学的方法**。

そして３つ目は、「色が見えているかどうか」、つまり与えられた色の情報によって何か反応や行動が喚起《かんき》されるかどうかを調べることだ。「色」を認知して感じている主体がなければ、ただ細胞に電気が流れているだけになってしまう。そこで３つ目の「**行動観察**」が必要となるわけだ。

色覚を持つ生き物は？

人間以外の生物に、色覚はあるのだろうか。

一般的には、夜行性で白色光《はくしょくこう》の下で動かない動物は色の知覚がない、あるいは多くの色に反応できないなどの特性が多く、昼光性の動物は色覚を持って感じていることが多い。

たとえばチョウには色覚があるが、夜行性のガは色覚を持たないものが多いという。昼光性の哺乳類《ほにゅうるい》、鳥類、爬虫類《はちゅうるい》、両生類、また魚類も色覚を持つ種が多い。だがアライグマやキツネは色覚がないという説もあり、一概にはいえない。

主な生物の色覚の検証手段

検証手段		対象生物
化学的方法	網膜の視細胞の感光色素を調べる。	イヌなど 
神経生理学的方法	視細胞や視神経に微小電極を差し、その電気的活動の有無から調べる。	ミツバチなど 
行動学的観察	対象生物の反応や行動を観察して調べる。	タコなど 

主な生物の色覚のタイプ

4色型	トンボ（アキアカネ）、モンシロチョウ、キアゲハなど
3色型	ヒト、チンパンジーやギニアヒヒなどの霊長類系、ウシ、ハト、ウミガメ、キンギョ、コイなど
2色型	イヌ、ネコ、ブタ、ゴキブリ、エビなど
1色型	ラット、ハエ、タコなど

※異なる報告があり、これが絶対ではないことを知っておいてほしい。

人間の色覚は3色型だが、実は4色型の人間もいるという説がある。4色型は女性のみという説と、男女ともという説が存在している。女性のみという説は、赤の色覚色素に異なる2種類があるというものだ。

どの説も事実はまだ未解明のままである。

人間は基本的にはB錐体《すいたい》、G錐体、R錐体の3種の視細胞から色を知覚するため**3色型**と呼ばれるが、生物はその他に**4色型、2色型、1色型（全色盲）**とさまざまなタイプがある。

また、実験によって結果が異なる報告もあり、さらに人と同じ3色型生物だからといっても、どのようなとらえ方になっているのかは不明確で、検証は相当に難しいと考えられる。

モンシロチョウの世界

見えている波長《はちょう》の長さにも違いがある。有名なのがモンシロチョウやミツバチの話だ。

人間に比べて、彼らは短波長側に見える範囲がずれている。そのため人間が赤と思って見ている花の色を、彼らは赤と感じていない。花という対象は存在するので認知はしているが、色は異なって感じているのだ。その代わり彼らには紫外線が見えており、そうした能力をミックスして世界を把握しているようだ。

モンシロチョウのオスとメスの羽の色の違いはこの紫外線領域によるものとされ、人間にとってはどちらも同じような白だが、当のモンシロチョウには、その差が歴然だという。チョウやミツバチに世界がどのように見えているのかについては、いくつかの説がある。興味のある人は専門書などで調べてみるといいだろう。

写真上は普通に撮影した菜の花。下は簡易紫外線写真。紫外線域が見える昆虫には、密の在り処を見つけやすいコントラストになっている。

知っておきたい色の基礎知識

無数に存在する色を整理し分類する方法として、色の特性でとらえる色の三属性、色を記号化して表す表色系、日常的な言葉で表す慣用色名・系統色名などがある。

色の三属性と有彩色・無彩色

色の数は1000万色以上!?

「色」というと、赤、オレンジ、青などのカラフルな色を思い浮かべる人もいれば、黒や白を思い浮かべる人もいるだろう。また、同じ「赤」でも、オレンジに近い赤もあれば赤紫に近い赤もある。このように各自がイメージする色だけを並べてみても、色の数は相当数にのぼるはずだ。

人間は、1000万色以上の色を識別することが可能だという説もある。この膨《ぼう》大《だい》な色の世界を、どのように伝達し、整理するのだろうか。

色の三属性

色は、色が持つ3つの特性、「**色相**《しきそう》」「**明度**」「**彩度**」で整理、分類することができる。この3つの特性を「**色の三属性**」という。

色相

色の違いを感じさせる特性として、最も大きなものが「**色相**」である。

色相とは、赤、黄、緑、青、紫などの、私たちが色そのものと感じている「色み」のこと。この色の関係をわかりやすく示したものが、色を虹色に並べて平面の円環状にした「**色相環**《しきそうかん》（カラーサークル）」と呼ばれるものだ。色を並べて円にするアイディアは、ニュートンが最初に考えたといわれている。

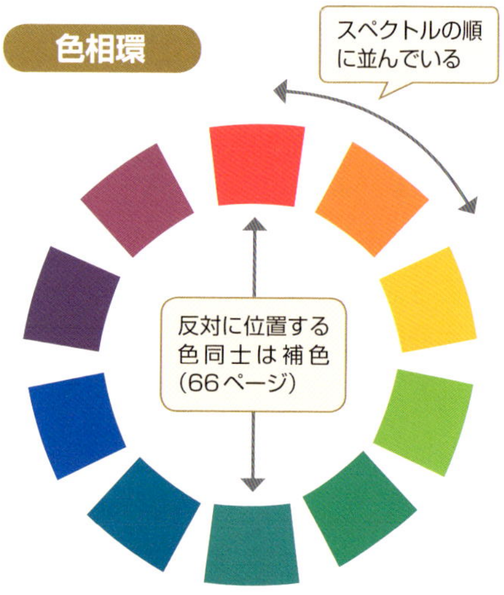
色相環
スペクトルの順に並んでいる
反対に位置する色同士は補色（66ページ）

マンセル表色系の色相環は、赤、黄赤、黄、黄緑、緑、青緑、青、青紫、紫、赤紫の10色相を主要色相とし、赤を上に配置して順に並べる（60ページ）。PCCSでは24色相を黄を上にして並べるなど、カラーシステムによって色相環は異なる。

明度と彩度

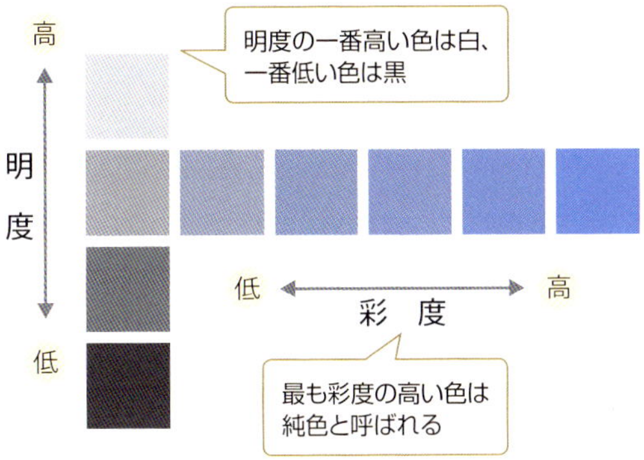
高
明度
低
明度の一番高い色は白、一番低い色は黒
低
彩 度
高
最も彩度の高い色は純色と呼ばれる

暗い灰色を混ぜると

明度は低く、彩度も低くなる。

白を混ぜると

明度は高く、彩度は低くなる。基本的に何か色が混じると彩度は低くなる。

明度

「**明度**」は、色の明るさを感じさせる特性である。明るい色は明度が高く、暗い色は明度が低い。たとえば水色と紺色では、同じ青でも、前者の明度は高く、後者の明度は低い。

白や黒といった無彩色は、正確にいえば色みではなく、明度の各レベルにつけた名前なのである。最も明度が高いものが白、最も明度の低いものが黒。その間をさまざまなレベルの灰色が並んでいるイメージだ。

彩度

「**彩度**」は、色みの鮮やかさについての特性である。

たとえば真紅《しんく》は、彩度の高い色と考える。彩度の高い真紅は赤以外の要素がない状態で、彩度の低い色はこの赤に別の要素が混ざって、赤という色みが薄められているものだ。

絵の具の赤に少し灰色を混ぜると、赤は濁って見えるだろう。これが彩度の低くなった状態だ。もっと灰色を混ぜていくと、彩度はさらに低くなっていく。

有彩色と無彩色

色は「**有彩色**」と「**無彩色**」の2つに分類することができる。

有彩色

赤、黄、橙、緑、青、紫など、色みのある色を指す。色の三属性のうち、色相、明度、彩度のすべてを持っている。

無彩色

白、灰色、黒など、色みがないもの。色の三属性のうち、基本的に明度しか持たない。

色を記号や数字で表す方法

色を定量的に表す表色系

色はさまざまな領域で扱われるが、そのためには、膨《ほう》大《だい》な数に及ぶ色を共有し、正確に表すことが重要になる。そこで、定量的な実験などをもとに、数字や記号などを使って表す方法が、「**表色系《ひょうしょくけい》（カラーシステム）**」と呼ばれるものだ。

これは色をとらえる物差しといえる。表色系には、色の三属性などの見え方をもとに色票《しきひょう》（カラーカードのようなもの）などで体系づける色票系、光などの

マンセル表色系

1905年にアメリカの画家で美術教師だった**A.H.マンセル**によって発表されたもの。1943年に修正され、全世界的にインテリアや食品など産業界や、教育などの幅広い分野で使用されている。

色の三属性の「色相」「明度」「彩度」を目で見て理解できるように、2次元、3次元空間で示しており、各色の三属性の関係を等しい距離感（等歩度感）でとらえられるよう工夫されている。

マンセル表色系の色相環

R（赤）Y（黄）G（緑）B（青）P（紫）の基本色相に、その中間のYR（黄赤）GY（黄緑）BG（青緑）PB（青紫）RP（赤紫）を加えた10色相を主要色相としている。この10色をそれぞれ10分割し、全部で100色相となる。各色相の代表色は5。左はJISの色相環。

マンセル表色系の等色相面

マンセル表色系では、色相（Hue）、明度（Value）、彩度（Choroma）を記号化して表す。明度は理想的な黒を0、理想的な白を10とし、その間を等間隔で分割。彩度は無彩色を0とし、彩度が高くなるにつれ数字が大きくなる。右は5Yの等色相面。

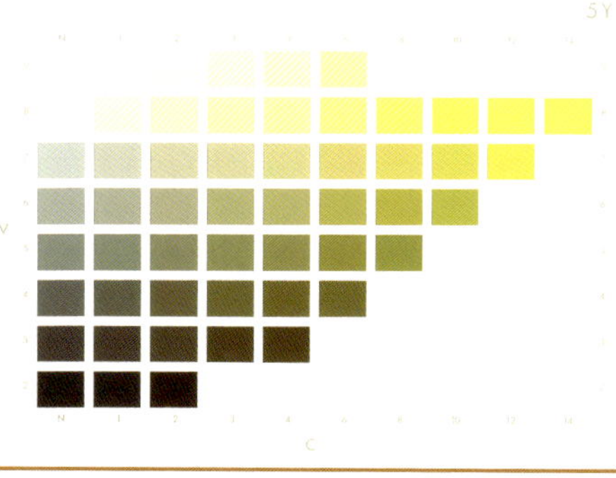

引用／JIS標準色票　日本規格協会

物理的な刺激が人間に与える影響を科学的に規定して体系づける混色系などがある。他にも、一般的な言葉によって体系づける色名系も考えられる。こうした動きは、色の再現技術や理論が出そろった20世紀に入って活発になった。

色票系には、アメリカで開発された「**マンセル表色系**」、日本が開発し、日本の検定試験や色彩教育で使用されている「**PCCS**（日本色研配色体系）」、スウェーデン工業規格の「**NCS表色系**」、色を光として考える混色系では、国際照明委員会（CIE）が設定した「**CIE表色系**（**XYZ表色系**）」や「**L*a*b*表色系**」などがある。

ここでは、マンセル表色系、XYZ表色系（CIE1931標準表色系）を挙げておく。

XYZ表色系（CIE1931標準表色系）

CIE表色系（XYZ表色系）は、1931年に国際照明委員会（CIE）によって定められた、精密な色の表示に使用される代表的なシステム。日本でも日本工業規格（JIS）で採択されている。

物理的な数値によって表され、数値混色系と呼ばれる。マンセル表色系とは相互換性があり、互いに連動した使用が可能だ。

等色実験のイメージ図

スクリーンの一方にある色の光を当てる。それが反射した光の色と同じ光になるよう、スクリーンのもう一方でR（赤）G（緑）B（青）の3つの光の割合を調整しながら混色する。この方法ですべての色の等色データが得られる。

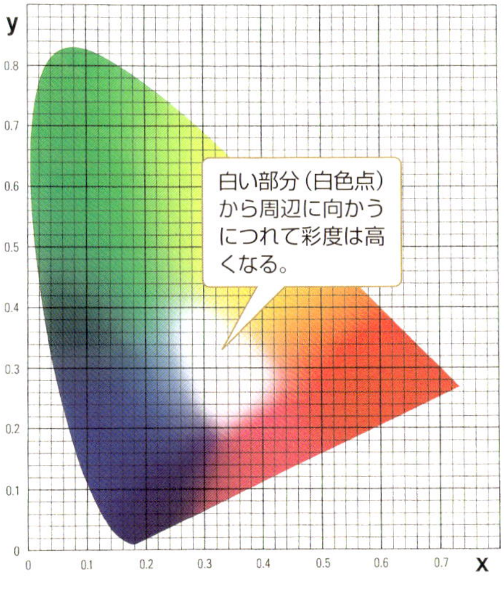
y
0.8
0.7
0.6
0.5
0.4
0.3
0.2
0.1
0
0
0.1
0.2
0.3
0.4
0.5
0.6
0.7
x
白い部分（白色点）から周辺に向かうにつれて彩度は高くなる。

CIE色度図（xy色度図）

CIE表色系の色度図。CIEで表せる色はこの色度図の中に示される。横軸のxは赤の混合率、縦軸のyは緑の混合率を表す（zは$x+y+z=1$の公式から求められ青の混合率を表す）。

色を言葉で表す方法

固有色名と慣用色名

記号ではなく、言葉で体系づける方法では、「**固有色名**《こゆうしきめい》」と「**慣用色名**《かんようしきめい》」が挙げられる。

「固有色名」は、桃の花のような色を「桃色」、藍染《あいぞ》めで作られる「藍色《あいいろ》」、空のような色は「空色」など、私たちが日常でよく目や耳にする動物、植物、染料、顔料、地名、人物、自然現象などを色名として、あらゆる具象、事象から成り立っている。

また、一般的によく知られる固有色名を「慣用色名」と呼ぶ。日本工業規格(JIS)は269色を「JIS慣用色名」と設定しており、147色の和名と、122色の外来語の色名がある。

JISの慣用色名の例

	鴇色 (ときいろ)	鴇の羽の色
	ストロベリー	イチゴの実の色
	朱色 (しゅいろ)	辰砂《しんしゃ》という鉱物から採れる顔料、朱の赤
	ウコン色	ウコンで染められる黄
	空色 (そらいろ)	晴天時の空の色
	露草色 (つゆくさいろ)	露草の花の色
	藍色 (あいいろ)	藍で染められる色
	江戸紫 (えどむらさき)	江戸時代に江戸で流行した紫
	スカイグレイ	曇った空の色
	利休鼠 (りきゅうねずみ)	千利休にちなんでつけられた緑がかった灰色

系統色名

基本的な色名をベースにして構成されたのが「**系統色名**《けいとうしきめい》」である。簡単な言葉によって系統的に体系化されたもので、日本工業規格は有彩色260色、無彩色90色の全350色を設定している。

その構成は、基本色名と呼ばれる10種類の有彩色(赤、黄赤、黄、黄緑、緑、青緑、青、青紫、紫、赤紫)と、3段階の無彩色(白、灰、黒)を基本とする。これに明度、彩度に関する修飾語(明るい、暗い、あざやかななど)、色相に関する修飾語(赤みの、青みのなど)を組み合わせることで、全色域を網羅することができる。

JISの系統色名の表記 ——有彩色の場合——

明度、彩度に関する修飾語
明るい、暗い、あざやかな、濃い、うすいなど

＋

色相に関する修飾語
赤みの、黄みの、緑みの、青みの、紫みの

＋

有彩色の基本色名
赤、黄赤、黄、黄緑、緑、青緑、青、青紫、紫、赤紫

〈例——(　)内は慣用色名〉

(ストロベリー)あざやかな赤
(朱色)あざやかな黄みの赤
(鶯色)暗い黄緑
(水色)うすい緑みの青
(ラベンダー)くすんだ青みの紫

基本色彩語

「**基本色彩語**」は、ある色のまとまりをとらえて命名した「経験の言語」といわれる。日本語では、「あか、き、みどり、あお、むらさき、しろ、くろ」などがそれにあたるとされ、生活の中で私たちが経験から獲得していく色の名前だ。

基本色彩語は、民族や言語が違っても、赤に対応する言葉は、英語なら「Red」、イタリア語なら「Rosso」と、その色みについて互いに共有できる言葉を持っている。しかしよく考えてみると、色をとらえ命名、分類し、それが人類で共有できることは不思議なことでもある。

この分野の研究は、言語学や民俗学、文化人類学などで行なわれてきた。色の命名の経緯は、1968年に発表された**B.バーリン**と**P.ケイ**による基本色彩語の進化モデル、また1978年のP.ケイと**C.マクダニエル**の研究が有名である。

これらの理論によると、**白**、**黒**、**赤**、**黄**、**緑**、**青**の6色は、人類にとって共通の識別を必要とする色と考えられ、また生理学的な実験を通しても、共通する感覚であることがわかっている。

昼光性の生き物で色覚のある私たち人間にとって、明るさや暗さ、また血液や植物、空といった自然で身近な色は、命名が必要となり、この命名とともに、その体験が色のイメージを作ってきたと考えられる。

ケイとマクダニエルによる進化モデル

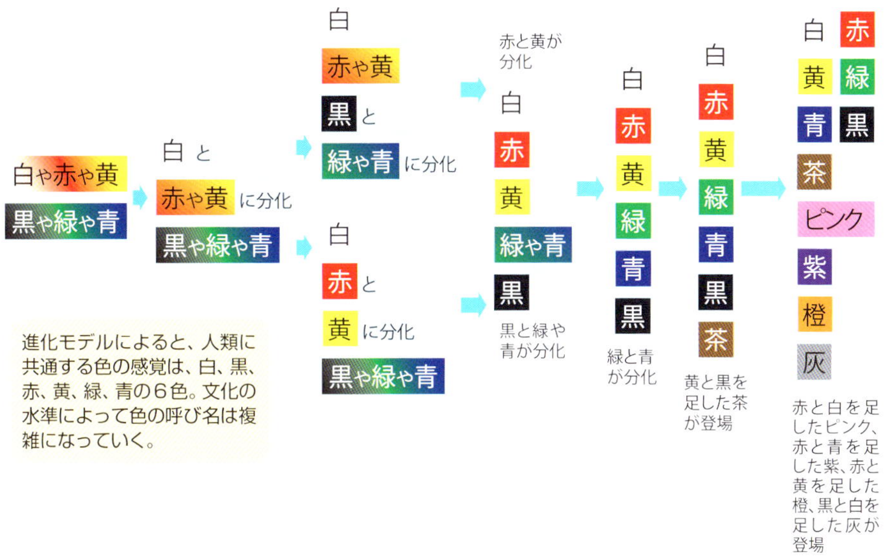
白や赤や黄
黒や緑や青
白 と
赤や黄 に分化
黒や緑や青
白
赤や黄
黒 と
緑や青 に分化
白
赤 と
黄 に分化
黒や緑や青
赤と黄が分化
白
赤
黄
緑や青
黒
黒と緑や青が分化
白
赤
黄
緑
青
黒
緑と青が分化
白
赤
黄
緑
青
黒
茶
黄と黒を足した茶が登場
白 赤
黄 緑
青 黒
茶
ピンク
紫
橙
灰
赤と白を足したピンク、赤と青を足した紫、赤と黄を足した橙、黒と白を足した灰が登場

進化モデルによると、人類に共通する色の感覚は、白、黒、赤、黄、緑、青の6色。文化の水準によって色の呼び名は複雑になっていく。

混色のしくみ

加法混色

混色とは、色を混ぜて別の色を作ることである。簡単にいえば、光を混ぜて作るものと、物質を混ぜて（重ねて）作るものがある。

光が眼に届き、そのまま網膜《もうまく》上で混ざって混色が成立する光の混色を「**加法混色**」と呼んでいる。

色はどの色でも自由に再現できるわけではなく、いくつかの色は他の色を混色しても作ることができない。混色して作ることのできない独立した色を「**原色**」と呼ぶ。加法混色では、R（赤）、G（緑）、B（青）の３色が原色となる。

この３色はそれぞれ長波長、中波長、短波長の領域にあたり、３色を適当な割合で組み合わせることで、スペクトルのすべての色を作り出せるのだ。網膜上でこれらの色を同時に重ねると、もとの色より明度が足される形になるので、**加法混色**、または**同時加法混色**という。

加法混色のしくみ

すべての光を反射する白いスクリーン上にR（赤）とG（緑）の光を重ねて投射すると、反射した長波長のRと中波長のGの光は眼の網膜上の同じ位置に当たって混色され、黄色として感じられる。さらに、B（青）の光を投射して重ねると、白い光となる。

つまり長波長と中波長で構成された光に短波長を足すことで、人が色を感じるスペクトルのすべての波長がそろい、太陽光と同じように白い光と感じるのだ。

加法混色の３原色

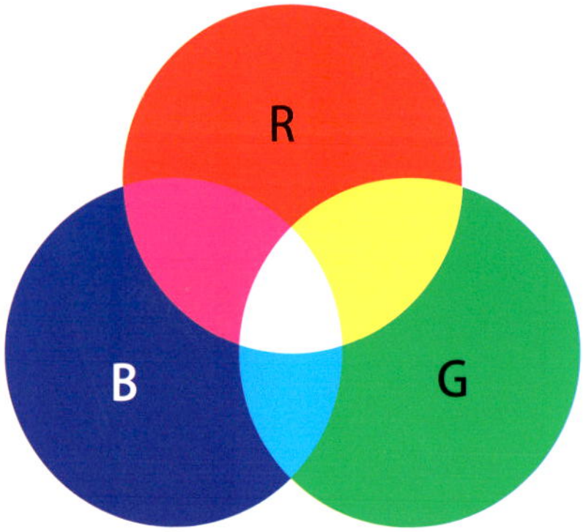

加法混色には他に、**併置《へいち》加法混色**、**継時加法混色**がある。

併置加法混色は、モザイクや点描画、縦横の異なる色の糸で織られた織物など、異なる微小な色を並べることで、その色が別の色として感じられる混色である。テレビのモニターも併置加法混色で色を再現しているといえる。

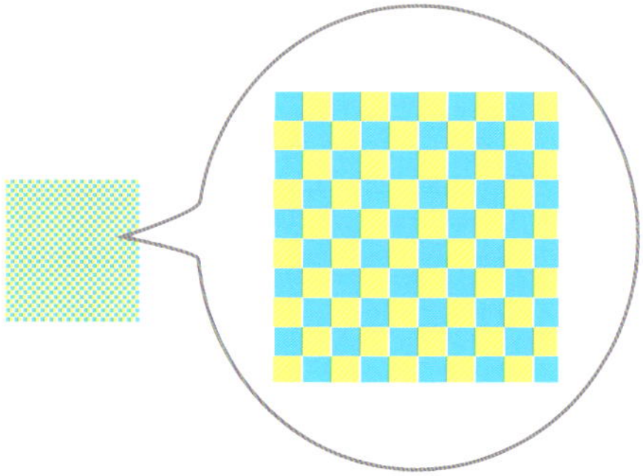

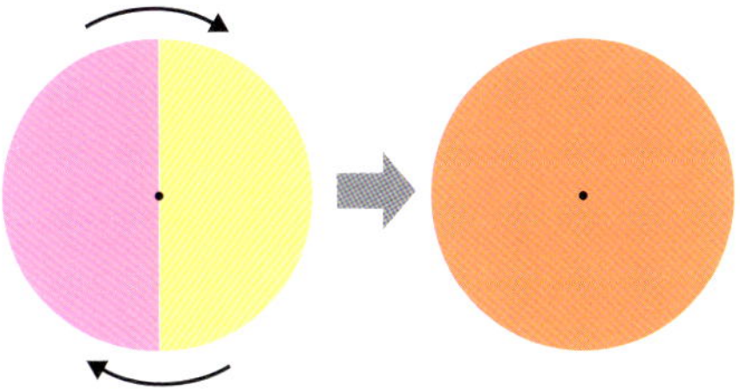

継時加法混色は、コマなどの表面の色を塗り分けて高速で回転させると、もとの色とは異なった色として感じられる混色だ。これは、塗り分けられた色を高速回転させることで、反射された光が眼の中で混色されるため、別の色として感じられるものである。

併置加法混色、継時加法混色とも、混色の結果、明るさや色が、それぞれの平均、または中間になるため、**平均混色**、**中間混色**とも呼ばれている。

減法混色

「**減法混色**」は、フィルターや絵の具などの物質を重ね、そこから光が透過や反射することで色の混色が成立している。

減法混色の原色は、**シアン**（C）、**マゼンタ**（M）**イエロー**（Y）の３色である。減法混色の原色と加法混色の原色は、互いに補色関係（66ページ）にある。

減法混色の原理は、絵の具での色作りを思い浮かべるとわかりやすい。たとえば、減法混色ではシアンとイエローを混ぜると緑になる。シアンとイエローは互いの吸収領域が異なるので、色の特徴となる主な反射領域が相殺され吸収されてしまう。そして双方ともに吸収しない領域だけが反射できることになる。それが緑と感じさせる領域なのだ。

減法混色では３原色をすべて混ぜると反射領域が相殺され、ほとんど吸収され黒に感じる。

このように色を重ねることで光は吸収され明度が引かれていくことから、減法混色と呼ばれる。

減法混色のしくみ

シアン（C）は短波長と中波長を反射して長波長を吸収し、マゼンタ（M）は短波長と長波長を反射して中波長を吸収し、イエロー（Y）は中波長と長波長を反射して短波長を吸収する。

シアンとイエローを混ぜると、短波長と長波長の領域が吸収され、中波長の領域だけが反射する。ここへマゼンタを混ぜると、中波長も吸収されて、ほぼ黒になって感じられる。

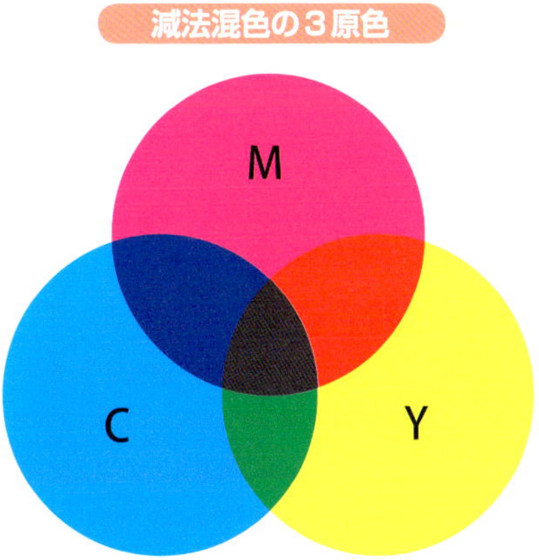

色が見え方に与える影響

私たちが色を見るとき、その組み合わせや周囲の色などの影響を受けて色の感じ方・見え方は変わってくる。

正反対の色、補色

補色の配色は互いを引き立て合う

混色すると無彩色になる色の関係を、**補色**《ほしょく》という。ほとんどの種類の色相環《しきそうかん》で、正反対の位置にある色同士が補色になっている。

配色するとお互いの色を引き立て合うが、明度が同じで鮮やかな補色同士では、リープマン効果（75ページ）が生じやすく注意が必要だ。

しかし一般的には、このメリハリのある配色は好まれ、多くのデザインに使用されている。看板や広告を見ても、赤と緑、青と黄などの補色の組み合わせを使ったデザインはすぐに見つかる。鮮やかな色で使用すると躍動感や強いインパクトが生まれ、人の記憶に残りやすい。

補色配色の効果は、見せたいものの色の印象を高めるテクニックとして非常に使いやすいのだ。

補色の配色の効果

お弁当は暖色系を中心にカラフルなほうがいい。プチトマトの赤にとっての補色は緑の野菜の色となり、見た目も美味しそうになる。

たとえば紫を主役にする場合、補色は黄なので、八重の紫のトルコキキョウに、黄色のフェンネルような小さな花を加えて主役の花を引き立たせる。

心理補色と残像現象

色彩学では、補色の中でも「**心理補色**」を区別して明記することが多い。

心理補色とは、ある色の残像《ざんぞう》として浮かび上がる正反対の色のことで、この残像を**補色残像**という。右の図で試してみよう。浮かび上がった色は緑のような色ではないだろうか。実際にはないが、確かに感じる色、それが心理補色だ。

残像は刺激が強く、観察時間の長いほうが現れやすい。また視線を動かすと残像も動き、遠くの壁などに目を向けると距離に比例して残像は拡大される。つまり、これが脳内ではなく眼に生じている現象であることがわかるだろう。

補色残像の説明はいくつかある。細胞の疲労によって抑制力が弱まることで生じるとの説をとると、ちょうどヘリングの反対色説（55ページ）の視物質のペアになる2色が補色になっているので、一方の色（実験では赤）の抑制力が弱まりもう一方の色（実験では緑）が浮かぶという現象は納得しやすい。しかし、まだこの現象については、完全には解明されていない。

何色が浮かび上がる？

赤いハートをじっと40秒ほど注視した後、視線を右の黒い点に移してみよう。何か色の出現を感じるはずだ。

陰性残像と陽性残像

残像現象は色だけに起こるものではない。たとえば、物や人を明るい窓を背景にして見た後に視線を別のところに向けると、物や人影と窓の明るさが反転した像が浮かび上がる。こうした明るさが反転した残像や、色が反転した補色残像などを「**陰性残像**」と呼んでいる。

これに対して、暗闇で車のライトなどを見た直後には、それと同じ明るさが一瞬再生されて感じる。この残像は「**陽性残像**」と呼ばれるが、すぐに陰性残像に変わってしまう。

周囲の色との差が強調される色の対比

色の対比とはどのような現象か

私たちは日常で、ある１つの色だけを見ているということは少ない。意識をしていなくても、背景や周囲の色も見ているのだ。その影響によって、見ている色が、実際とは違った色として知覚されることがある。

その１つが、「**対比**」と呼ばれる現象である。これは、見ている色が、周囲の色によって実際の色とは異なった色として感じられる現象だ。

身近なところで見られる対比

鮮やかな赤い色で新鮮だと感じて買った牛肉が、家に帰ると思ったような色ではなかったという経験はないだろうか。もしかすると購入時に肉の下に緑色の笹の葉やシートが敷いてあったかもしれない。この緑との対比が肉の色の見え方に影響を与えたのだ。

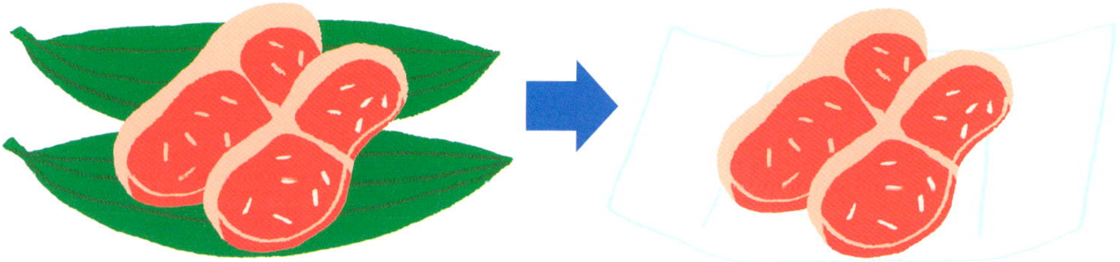

継時対比と同時対比

対比の基本は、互いの差が強調されて見えることだ。対比には、空間的な視点の移動で時間差をおいて見た場合に生じる「**継時対比**」と、同時に見ている状況で生じる「**同時対比**」がある。

継時対比は、前ページで紹介した補色残像で、先に見た刺激によって生じた心理補色が、次に見る色に影響を与える現象だ。

これに対して、同じ画面上で隣接している色同士が影響し合い、色が異なって見えるのが同時対比だ。**明度対比**、**彩度対比**、**色相対比**、**補色対比**などがある。例を挙げながら説明しよう。

継時対比

たとえば赤をしばらく見た後に黄色を見ると、心理補色である緑が影響して黄色は黄緑のように見える。これが継時対比。下の図で実際に体験してみよう。

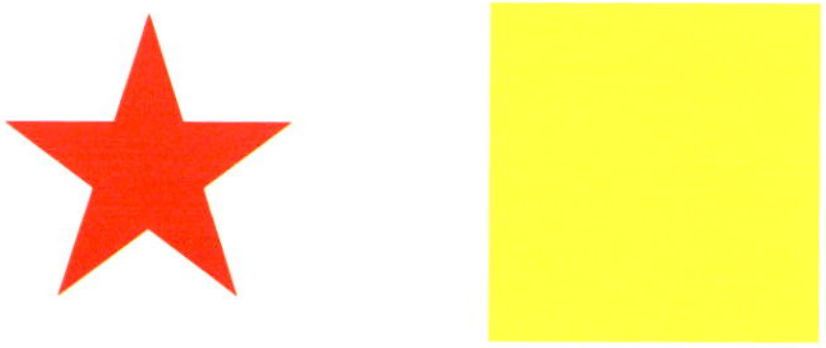

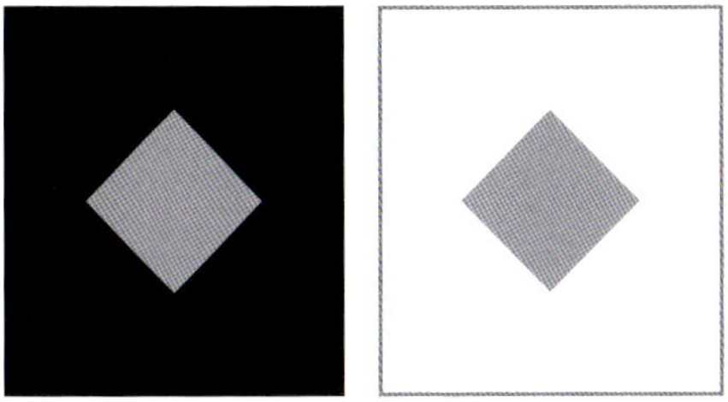

明度対比

図の黒の中の灰色と白の中の灰色は異なって見えるが、実は同じである。周囲との明度の差が強調され、明度の低い黒の中では本来より明るく、明度の高い白の中では本来より暗く感じられるのだ。同時に周囲の黒はより暗く、白はより白く感じるはずだが、比較する対象がなく、また黒と白は明度の高低の極限なので、それ以上を感じることは難しいだろう。

明度対比の研究によると、周囲の色の明度は低いより高いほうが顕著に効果を感じるといわれる。また、周囲の色の面積が大きいほど明るさの対比がはっきりするという報告もある。

彩度対比

彩度対比の効果は、明度対比と同じである。

図の左の彩度の高い鮮やかな色の中にある色と、右の彩度の低い色の中にある色は同じ色なのだが、どのように感じるだろうか。

彩度対比が起きて周囲との彩度の差が強調されているため、左の彩度の高い色の中の色はより濁って（周囲の色はより鮮やかに）、一方、右の彩度の低い濁った色の中の色はより鮮やかに（周囲の色はより濁って）感じられるだろう。

対比がパーソナルカラーに与える影響

明度対比や彩度対比は、パーソナルカラー（顔の周囲にさまざまな色の布を当て顔色がどのように見えるか診断するもの）の診断にも影響を与えるといわれる。

たとえば、自身の肌よりかなり鮮やかな色を当てるとくすみがちな肌の人は、顔色が悪く見えることもある。また暗すぎる色で顔が白浮きすることもある。ただし、人間の顔色は変化するものだから、単純な対比効果で結論は下せない。

色相対比

色相対比は、異なった色同士の間で起きる現象である。右の上の図の、赤の中の橙《だいだい》と、黄の中の橙は同じ色である。だが、周囲の色の心理補色に影響され、本来の色とは異なって見える。心理補色が緑の赤の中では黄みがかり、心理補色が青紫の黄の中では赤みがかる。

明度対比や彩度対比のように周囲の色も理論上は同様の影響を受けているはずだが、面積の差と比較する色がないことから、確認できない。

色相対比

補色対比

補色対比

色相対比と同様の色の見え方の変化だが、この場合は、中の色が周囲の色の補色かどうかによる。

図の赤の中の黄緑と、緑の中の黄緑では、色の鮮やかさが異なって見えるだろう。赤の中の黄緑は、赤の心理補色が重なるためより鮮やかさが増し、緑の中の黄緑には、単純な彩度対比が起きている。

異なる色が隣接する境に起きる縁辺対比

下の図を見ると、色と色の間にうっすらと境に沿って明るいラインや暗いラインを感じないだろうか。このような対比を**縁辺対比**《えんぺんたいひ》といい、感じるラインは発見者である物理学者E.マッハの名前から「**マッハバンド**」と呼ばれている。

この現象は、側抑制《そくよくせい》理論によって説明できる。側抑制とは、簡単にいうと、刺激を受けて興奮した視細胞《しさいぼう》が、隣接する周辺の視細胞の興奮を抑制するというものだ。その結果、異なる色の境などが強調され輪郭が明快になる知覚のシステムで、並んだ2つの刺激の差が実際よりも強調されることになる。1つの図形は同じ明度なのに、隣接する部分ではより明るく、またはより暗く感じるのがわかるだろうか。

こうした知覚のトリックは、他にもたくさんあるので、図で紹介しておこう。

マッハバンド

ハーマングリッド

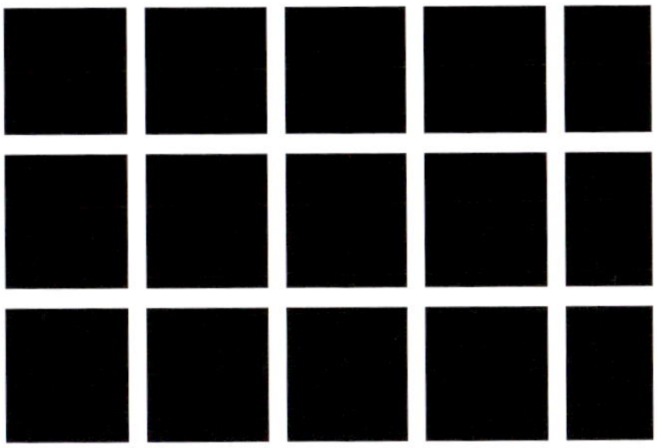

白のラインの交差部分に灰色の円（ハーマンドットという）が見える。

ネオンカラー効果

格子の交差部分の色の線が、ネオンが光るように丸く広がって見える。

無彩色から有彩色を感じる主観色

色みのないところに色を感じる現象はいくつかあるが、「**主観色**」もその１つだ。体験するには、**ベンハムトップ**と呼ばれる右のような白と黒の模様をつけたコマを、１秒間に６回から10回の回転で回すと、存在しないはずの色が見える。高速では単なる灰色になってしまうので、見るためには回転速度が大切だ。模様は他にもいろいろある。

この現象は、途切れ途切れになった白黒の模様に意味があり、与えた刺激の時間差と、色の反応が生じる時間差によって生じるといわれる。しかし、原因の説明はまだ十分ではないともいわれる。かなり古代からこの現象は知られており、さまざまな模様で人々が楽しんだという話もある。また、右の図のように、平面でも見ることが可能だ。

この現象は、発見したドイツの物理学者G.フェヒナーの名を冠して、「**フェヒナーカラー**」と呼ぶこともある。

ベンハムトップ

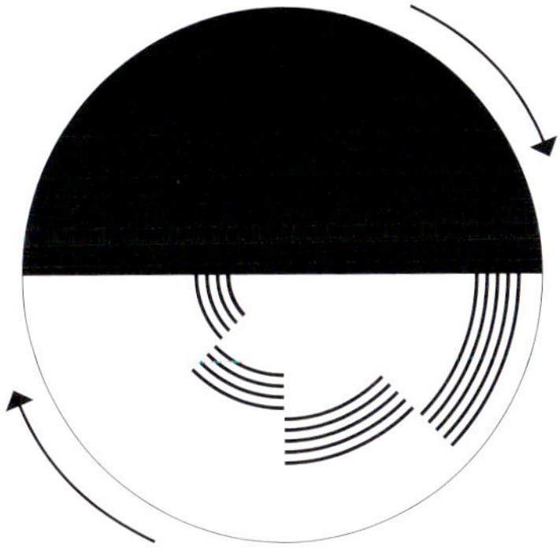

１秒間に６～10回、右回りに回転させると、色のスペクトルが見える。

Brewsterの色

しばらく見ていると、白と黒だけの図から色みを感じる。

周囲の色に近づいて見える同化

色の同化とはどのような現象か

「**同化**」は対比現象とは逆で、隣接する互いの色が近づいて見える現象だ。対比と同様に、**色相の同化**、**明度の同化**、**彩度の同化**がある。

色相の同化

図①は、黄色の上に細かい緑と赤の線をのせたものだ。この黄色は、緑のほうでは実際より緑みを帯びて、赤のほうでは実際より赤みを帯びて感じられるだろう。これが色相の同化である。理論上では、緑の線も赤の線も実際より黄みを帯びて感じられることになるが、それを感じるには面積が小さく難しいだろう。

この見え方の度合いは、人によって異なるといえる。物理的には何も変わっていないからだ。

図①

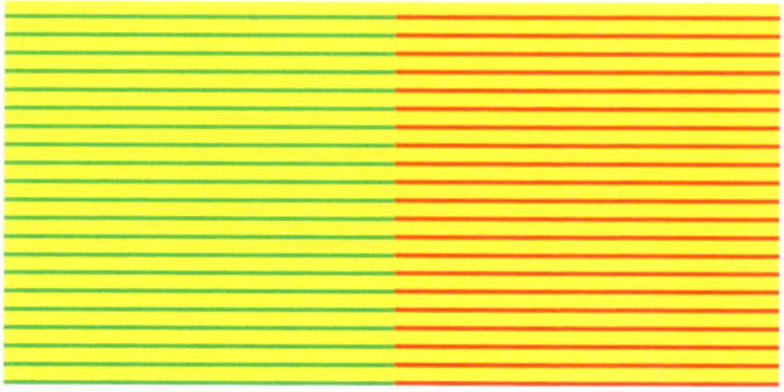

図②

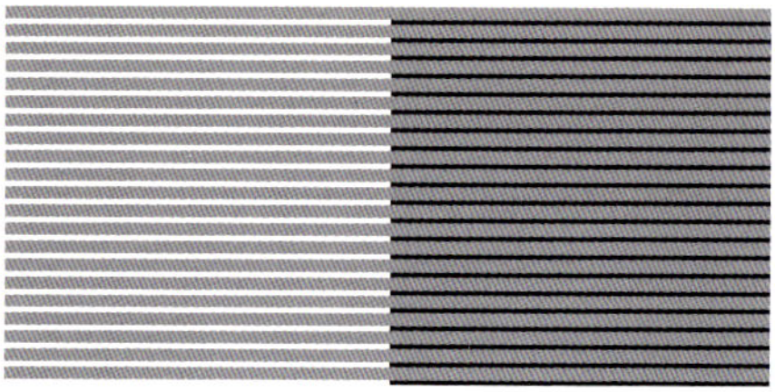

図③

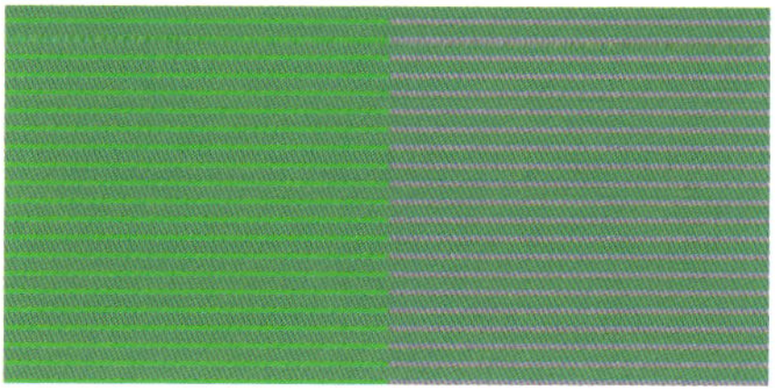

明度の同化と彩度の同化

図②は、同じ灰色に白の線と黒の線をのせたものだ。図③は、くすんだ緑の上に鮮やかな緑の線と灰色の線をのせたものだ。周囲の色が線の明るさや鮮やかさのレベルに影響されて見えるだろう。

前者では、灰色が白や黒の線の色の影響を受けてそれぞれの明るさに近づいて見える明度の同化が起きている。後者では地の緑がそれぞれの線の鮮やかさに近づいて見える彩度の同化が起きているのである。

身近なところで見られる同化

緑のネットに入れられたオクラは新鮮そうな緑に見えるが、ネットから出すと、思っていたほど鮮やかな緑に見えない。ネットの緑がオクラを鮮やかに見せているのである。

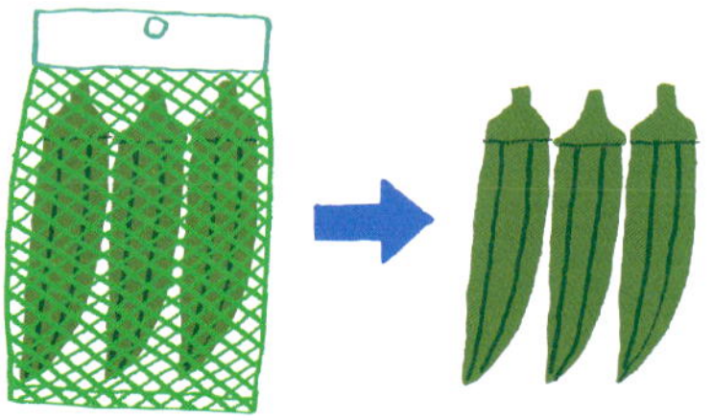

色の見やすさ、視認性・可読性・明視性

視認性・可読性・明視性

さまざまな情報があふれる街中で、企業はビジュアル戦略として看板や広告などを使い、いかに人目につくかを考えている。公共の標識や誘導表示なども、いかに見やすく作るかが重要である。

「見やすい」「探しやすい」「目につきやすい」状態とは、その色や記号だけではなく、背景の色や照明条件、距離などの環境を含めて考えなければならない。情報を受け取る側の関心の注ぎ方や意識の在り方にも影響を受けるため絶対というものはないが、いくつかのおさえるべきポイントがある。

一般的に、対象物の見えやすさを「**視認性**」、文字や数字などの読みやすさを「**可読性**」、マークや模様などの形のとらえやすさを「**明視性**」と呼んでいる。これらはどれも見るべき対象となる「**図**」の色と、背景となる「**地**《じ》」の色の関係が大きく関わっている。

視認性は明度差が決め手

視認性では塚田敢が行なった配色の実験から、黒地に黄が最も見えやすく、次に黄地に黒と黒地に白が見えやすいことがわかった。一方、見えにくい配色は、黄地に白、白地に黄となっている。他の実験でも、地が黒の場合の図は黄が、地が白の場合の図は紫などの暗い色が見やすいという、ほぼ同様の結果がある。

これらの実験から、見るべき対象となる色と背景の色の明度差が重要になることがわかるだろう。黄と白のような明度差が小さい配色は、見えにくいのだ。

明度差以外に重要なのは照明条件で、やはり明るいほうが視認性は向上する。距離も、離れすぎると色としての認識は困難になる。しかしこれらは、環境のコントロールが難しいことも多いため、明るさに大きく差をつけることが視認性を高めるためには重要だろう。

見やすい配色
地…黒 図…黄
地…黄 図…黒
地…黒 図…白
地…白 図…紫
見づらい配色
地…黄 図…白
地…白 図…黄

文字やマークを見やすくする工夫

■明度差を大きくする

明度差 小
明度差 大
P
P
P

■彩度差を大きくする

彩度差 小
彩度差 大
P
P
P

■地を無彩色、図を有彩色にする

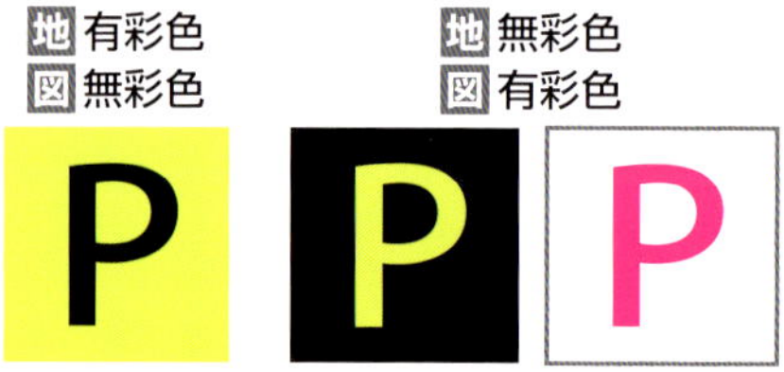
地 有彩色
図 無彩色
地 無彩色
図 有彩色
P
P
P

■文字などが単純な場合は文字を明るく、複雑な場合は文字を暗くする

文字 が単純な場合
文字 が複雑な場合
き
き
樹
樹

可読性・明視性のポイント

可読性、明視性は、道路標識などで私たちの生活に大きく影響している。

視認性同様、図となる文字やマークと、地《じ》となる背景の色との明度差が大きいことで効果が上がる。また存在の認知だけではなく、文字やマークの意味を読み取れることが重要なので、地を無彩色に、図を有彩色にしたほうが、その逆よりも効果が高まるといわれている。見るべき対象に色があることで、より意識できるのかもしれない。

明度差以外では、彩度に差があることも有効だ。グレーに赤の配色などは彩度に差をつけたものである。

見やすさを考えて街中を見ると…

街中の標識を見ると、やはり明度差、彩度差をはっきり意識していることがわかる。標識だけでなく、瞬時に通りすぎるバイク便の人間が着ているウィンドブレーカーは黄地に黒の文字で社名を入れていたり、看板では白地に赤の配色が多く見られる。街中で工夫がされているのだ。

止まれ

色相差だけではリープマン効果が生じる

明視性や可読性では、明度差や彩度差に「差」があるほうがいいということがわかったが、色相差はどうだろうか。

色相の差には少し落とし穴があるので注意したい。たとえば、右の図を見てみよう。ロゴとなっている図と地の色は、緑と赤の補色という最も離れた色相関係、つまり色相差のある配色となっている。しかしよく見ると、ロゴと地色の間に白のふちどりが入っている。

これは**リープマン効果**を避けるためである。リープマン効果とは、明度差がない2色で配色した場合、輪郭がぼやける、ギラつきが生じるなど、見えにくさが発生することである。赤と緑のように色相に差があっても、明度差がなければこのような現象が起き、かえって見づらくなってしまう。

MART

緑の文字が白でふちどりされている。

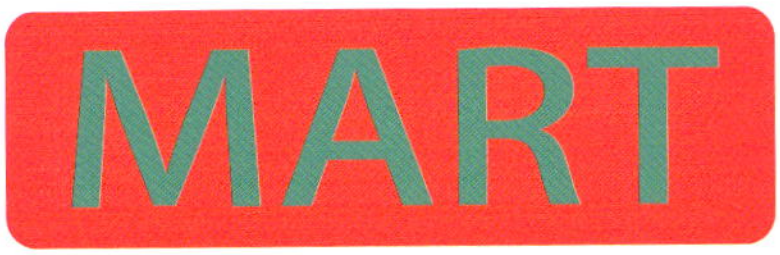
MART

白のふちどりがないとリープマン効果が生じて見づらい。

リープマン効果を避ける工夫

このような場合は、その色と色の間に、**セパレーションカラー**といって、異なる性質の色を挟むと、この現象を抑制できることがわかっている。

セパレーションカラーを色と色の間に使う場合、一番使いやすいのは無彩色だといわれている。色みのない無彩色ならば、両隣にくる2色がどのような色でも、配色として違和感が生じにくいためである。また金、銀などのメタリックカラーや、アイボリーなどの色みが抑えられた色も使いやすいとされている。

セパレーションカラーのポイント

明度差の小さいときはセパレーションカラーを間に挟む。間に挟む色によって印象が異なる。

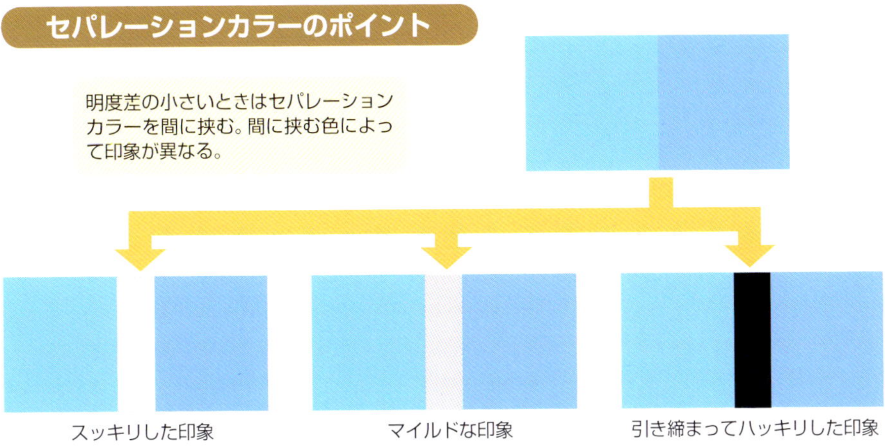
スッキリした印象
マイルドな印象
引き締まってハッキリした印象

注目のされやすさ、誘目性

誘目性とはどのような性質か

視認性は、観察者がそこに注意を向けているとき、それ自体が見えやすいかどうかという性質である。これに対して、見えている情報がたくさんある場合、その中から、注意を向けていなくても見る側の目をひきつける性質を「**誘目性《ゆうもくせい》**」と呼んでいる。

誘目性は視認性とは異なり、単純な視覚的認知の問題とはいえない、心理的な影響を受けるものである。

状況や個人の心理的な影響を受ける

一般的には、誰にでも注目されやすい赤などの暖色系の色が、寒色系や無彩色より優位とされ、彩度は低いより高いほうが誘目性が高いといわれる。また、大きさ、刺激の強さ、時間や動き、位置などにも影響を受けるといわれている。

さらに、どのような状況で出現するか、奇抜性や独自性、あまり見かけない色が意外にもそこにあるというような状況も関わってくる。たとえば、灰色のビルが連立する中にピンク色の看板が存在すれば人目を引くだろう。

また、気になる色の出現、たとえば別れた恋人がよく着ていたモスグリーンのセーターが記憶にあれば、モスグリーンに反応しやすくなるかもしれない。単純に好きな色にも反応するだろう。こうした親和性など、何らかの情動を呼び起こす色も誘目性が高まるのである。

これは視認性などとは異なって、個人の経験や情動が意味を持ち、誘目性を一定条件で語れないものとしていることの証拠といえよう。

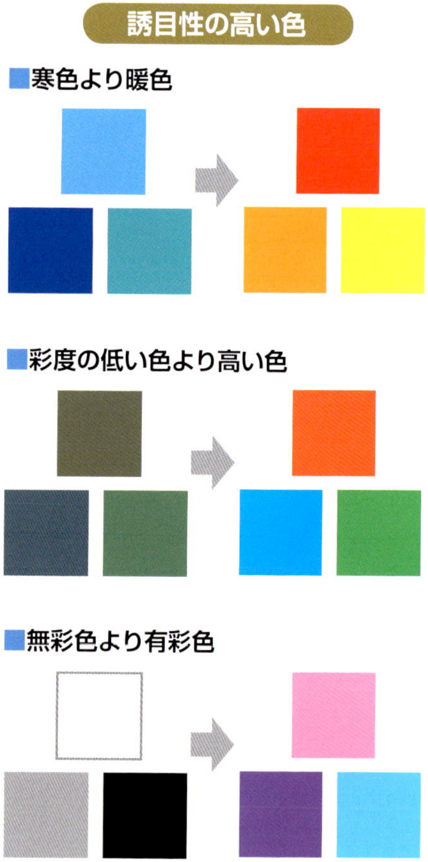
誘目性の高い色
寒色より暖色
彩度の低い色より高い色
無彩色より有彩色

この他、奇抜性や独自性、個人の好みや情動にも影響を受ける。

色の区別のしやすさ、識別性

識別性とはどのような性質か

地下鉄の路線図など、1つの画面に複数の情報があるとき、色分けすると見やすくなる。これは日常でよく見かける、情報を視覚的に整理する方法だ。重要なのは、違いのわかりやすさ、区別のしやすさであり、これを「**識別性**《しきべつせい》」という。

たとえば単純に2つの物を色で整理するとき、はっきり区別したいのなら赤と橙《だいだい》にするよりは赤と青にするなど、明快に異なる色を使用したほうが見分けやすい。しかしそこでは、身近にいつも存在するものとして醜くないことも求められる。ゴチャゴチャしないよう、いかに機能的で美しいかを考えて色の選択をしなくてはならない。

国際照明委員会（CIE）では、色光で識別性を求めるとき、次の色の使用を推奨している。

3色の場合	赤、緑、黄（または白）
4色の場合	赤、緑、黄、白
5色の場合	赤、緑、黄、白、青

イメージのしやすさも重要

識別には、単に弁別のしやすさや美しさだけではなく、使用の対象となる人々が持つイメージも想定する必要がある。たとえば「水」の表示に赤を、「火」の表示に青を使っては、色として識別しやすくても混乱を生じさせるからだ。

日本工業規格（JIS）が制定している「**安全色彩**」では、表に示したように、色の持つ機能にイメージを考慮した指定がされている。たとえば「防火、停止、禁止」には、すぐに目を引き人間の反射も早いといわれる赤、「安全、衛生、進行」には、安心させるようなイメージを持つ緑、「用心」には、冷静さを促せる青といった具合だ。

工場などの配管系の識別表示でも、物質の種類と識別色が「水」は青、「空気」は白、「ガス」は薄い黄など、イメージを引き出せる色の設定となっている。

JISが制定している安全色彩

赤		防火、禁止、停止
黄赤		危険、明示（航海、航空の保安施設）
黄		注意
緑		安全、衛生、進行、避難
青		用心、指示
赤紫		放射能
白		通路、整頓
黒		安全色を引き立たせる対比色として用いられる

学校や病院、駅、工場、道路、空港、車両など、さまざまな場で使われている。

記憶に保持された色、記憶色

その物の色として記憶された色

人の記憶は、その保持する時間で、次のように分けることができる。ほぼ1秒以内の**感覚記憶**、15分から30分程度の**短期記憶**、そして死ぬまで記憶が保持されるような**長期記憶**である。

「**記憶色**」は長期記憶の中に保存されるもので、よく慣れ親しみ知っている対象物に付随した色として記憶された色だ。たとえば、リンゴの色の赤や、バナナの色の黄色が、この記憶色にあたる。

記憶の中の色は実際の色とズレがある

記憶色の特徴は、その物体が持つ典型的な色（典型色）が記憶されており、さらに実際の色よりも高明度、高彩度に変化して保持されることだ。ただし、その特徴であるイメージがより強調された記憶の色であるため、物によっては、低明度、低彩度で記憶されているものもあるようだ。

また色相については、イメージが基本色相寄りに変わるという調査結果もある。

そもそも記憶された時点で、その色は変化してしまうようなのだ。S.M.ニューホールらが行なった、ある色を見せた後でその色の再現を試みる実験では、ほとんどの色の純度が高くなっていたという。また色を記憶する実験では、寒色より暖色のほうが正確に記憶しやすい、男性より女性のほうが記憶に正確さがあるなどの報告もある。

記憶色の特徴

実際の色
記憶色

基本的に、実際より高明度、高彩度の色として記憶される。

実際の色
記憶色

物によっては、実際より明度が低い色として記憶される。

実際の色
記憶色

基本色相寄りに記憶される。たとえばホウレンソウ、ピーマン、キュウリなどの実測された色は黄緑の領域と判断されるのに、記憶色では緑の方向にずれている。

味覚や香りから連想される色

甘い色、苦い色、美味しそうな色

人は、味や香りからも色を連想する。

たとえば一般に日本では味について、「甘」はピンク、淡い黄、白。「苦」は黒、茶、灰（これはニガイだが、シブイ場合は濃い緑など）。「酸」は黄緑（緑）。「辛」は朱（赤）、暗い黄。「鹹《かん》（塩辛い）」は白、藍、青、茶といわれる。

中国では陰陽《いんよう》五《ご》行《ぎょう》という思想があり（154ページ）、味、色、方角をまとめてみると、「酸・青（緑）・東」「苦・赤・南」「甘・黄・中央」「辛・白・西」「鹹・黒・北」となっている。日本の感覚は、これにやや影響を受けている可能性がある。

また、美味しそうに感じる色と、まずそうに感じる色もある。美味しそうな色とは、ピンク、赤、橙《だいだい》、黄などの暖色系で、まずそうな色は、暗い黄、暗い黄緑、暗い紫といった暗い色。また青系、紫系も美味しそうには見えず、青みが強い照明は食欲減退につながるといわれる。

味からイメージされる色

甘み	
苦	
酸	
塩（鹹）	

香りと色の関係

香りでは、ドイツの心理学者H.ヘニングが示した色との関係がある。

それによると、花香性にはバラ色などのピンク系、果実にはオレンジや濃いピンク、黄緑、黄色、樹脂性には水色や青緑系、焦げ臭さには焦茶など、一般的にも理解できる色が挙がっている。

香りからイメージされる色

ヘニングは6つの基本臭を考え発表している。（色はイメージ）

花香性	バラやスミレのような花の香り	樹脂性	テルペンや樟脳のような香り
果実性	レモンなど果物のような香り	薬香性	漢方薬やコショウのような香り
腐敗性	硫化水素や卵の腐ったようなにおい	焦臭	タールや焦げたもののようなにおい

色が呼び起こす感覚・感情

色は、好き、嫌い、美しい、醜いといった情緒的なイメージや、暖かい、冷たい、近い、遠いといった知覚的な印象を与える。

暖かく感じる色と寒く感じる色

表現感情と固有感情

私たちは色に対して、好き、嫌い、美しい、醜いといった情緒的な印象や、暖かい、冷たい、近い、遠いなどの知覚的な印象を持つ。前者は個人差が大きい「**表現感情**」、後者は個人差が小さい「**固有感情**」と呼ばれている。

ここでは、こうしたいくつかの色の印象を考えていこう。

色から感じる暖かさ、冷たさ

人は色を視覚でとらえているにもかかわらず、さまざまな色を見て皮膚で感じるような寒暖感を生じさせる。実際にはない暖かさや冷たさを、色から受け取るのだ。

一般に赤や橙《だいだい》系統の色には暖かさを感じ、これを**暖色**と呼ぶ。これに対して青系統の色には冷たさを感じ、これを**寒色**と呼ぶ。そして、どちらにも感じられない色は、**中性色**と呼ぶ。

この色の寒暖感は、人間の歴史的な経験から呼び起こされると考えられている。赤や橙は炎や太陽を連想させ、そこで体感した暖かさを呼び起こし、青は水や日陰などを連想させ、そこで体感した冷たさや寒さに結びつくというのだ。実際にどの調査結果を見ても、一番暖かさを感じさせる色は橙や黄みの赤で、冷たさを感じさせる色は青だった。

インテリアの色で体感温度が変わる？

暖色のインテリアでまとめた部屋の体感温度は、寒色のインテリアでまとめた部屋での体感温度より、2～3度ほど高いという実験結果がある。

色の寒暖感に対する実験結果

過去の実験から、寒暖感に最も影響を与えるのは色みである**色相**といえる。明度では、明るいとやや冷たい方向に、暗いと暖かい方向に感じる要素があることや、彩度が増すと寒暖感が増すという結果もある。無彩色に関しては、有彩色よりも冷たく感じるという結果もあるが、白が一番冷たく、灰色や黒の順番には多少のばらつきが見られる。

異なる色をつけた同じ温度の液体に指を浸す実験では、暖かさを感じる順番は「赤、橙、黄、緑、菫《すみれ》、黒、青、白」という結果が得られている。暖色から中性色、さらに無彩色や寒色という順だ。

しかしこれは、指を浸すと同時に液体の色を見せる場合だ。事前に色を見せて指を浸すと、赤や橙は期待している分、思ったより冷たく感じるようで、順位の結果が反転するという。つまり人は、赤、橙に対してかなりの暖かみを期待しているといえる。

こうした高い同一性が一般的に期待される寒暖感も、人によって異なる。ある人は「赤は冷たい」といい、ある人は「青は暖かい」と答えるのだ。その背景には「赤は強そうで意地悪な感じだから冷たい」、「青空が好きなので青は暖かいイメージ」などといったストーリーがある。色の印象は、完全に統一されるものではないのだ。

重く感じる色と軽く感じる色

白は軽くて黒は重い？

黒い鉄アレイと白い鉄アレイ。持って走らなければいけないとしたら、どちらを持ちたいだろうか。

そんな色の軽重感に通じる有名な逸話が、色彩学者によって紹介されている。それは、運搬する箱の色を黒から薄緑に塗り替えたことによって、箱の中身は変わらないのに、工場での作業能率が上がったという話である。

つまり、イメージとして重く感じる色と軽く感じる色があるということだ。

軽いのはどっち

同じ大きさ、重さでも、色によって重さが異なって見える。

明度の影響が最も大きい

この見かけの軽重感は、マンセル表色系では明度のN5を境にして、明度が高くなると軽く、明度が低くなると重く感じるという報告がある。白は軽い印象、黒は重い印象。私たちのイメージとして、この結果にそれほど異論はないだろう。

しかし前項の寒暖感と同様に、見かけに期待すると実際に体験してがっかりすることもあるので、こうしたイメージはなかなか難しいものである。

軽重感と明度の関係

明度が高くなると軽く、
明度が低くなると重く見える。

色相や彩度の違いは
それほど影響を与えない。

明度と軽重感に対しては、1930年にC.D.タイラーが、見かけだけでイメージしたときと、実際に手に持って重さを感じたときとを比較した研究の報告をしている。それによれば、見かけだけなら明度は軽重感に大きく影響したが、実際に持つとその関係ははっきりしなかったという。つまりイメージでは軽いのに、持ってしまうと効果がなくなるわけだ。この結果から、冒頭の箱の色の違いが作業能率を変えた話は、労働者たちが暗示にかかったからではないかとも考えられる。

シャルパンティエ効果との関連

実際の重さとの関係にこだわらず、印象ということに限れば、確かに色には軽重感をイメージさせる力があるだろう。一説には、「明度が高いと軽い、低いと重い」という軽重感のイメージが、**シャルパンティエ効果**と関連があるのではないかといわれている。

シャルパンティエ効果とは、同じ重量のものでも大きいものは軽く感じるという「大きさ－重さの錯覚」効果だ。たとえばここに、10kgの鉄アレイと10kgの羽毛があるとする。同じ10kgでも、羽毛のほうが鉄アレイと比べて非常に大きな体積となり、イメージとして軽いように感じられるというものだ。

白など明度の高い色は膨張して見える色であり、黒など明度の低い色は収縮して見える色なので、大きく感じる白は軽く感じ、小さく感じる黒は重く感じるとすれば、確かに色の軽重感もシャルパンティエ効果の影響を受けていると考えられる。

また軽重感には、明度以外では、色相の影響はあまりないという説が多く、彩度の影響は明度の7分の1以下といわれている。

シャルパンティエ効果

同じ重量の物体でも、その大きさが異なると、体積の大きいほうが軽く、体積の小さいほうが重く感じられるという錯覚の現象。1891年にドイツのA.シャルパンティエによって発見されたため、「シャルパンティエ効果」と呼ばれている。

膨張色と収縮色

色が大きさの見え方に与える影響

マンションの見学会に行くと、同じ坪数の部屋なのに広さが違って感じることがある。白木のような明るい床の部屋は広い印象に、ダークブラウンの床では部屋が引き締まった印象になる。

またファッションでは「白は太って見え、黒は引き締まって見える」という話をよく聞く。このように色には同じ大きさでも、大きく膨らんで見える**膨張色**《ほうちょうしょく》と、小さく縮んで見える**収縮色**があるのだ。

色の膨張、収縮感を決めるもの

一般的には、明度の高い色は膨張して、低い色は収縮して見えるといわれる。他にも、寒色より暖色のほうが、彩度が低いより高いほうが膨張して見えるという説もあったが、最近の実験では、色相の影響は見られず、明度の高い色が大きく見え、また周囲の明度が高いと中の色は小さく見えるといった結果が主に得られているようだ。

つまり、無彩色では白が一番膨張して見え、有彩色では明度が高い黄が大きく見えると考えられる。黒は最も収縮度が高い色になるだろう。

膨張して見える色と収縮して見える色

明度が高いほど膨張し、
低いほど収縮して見える。

暖色のほうが膨張し、
寒色のほうが収縮して見える。

地の明度が高いほど図は収縮し、
地の明度が低いほど図は膨張して見える。

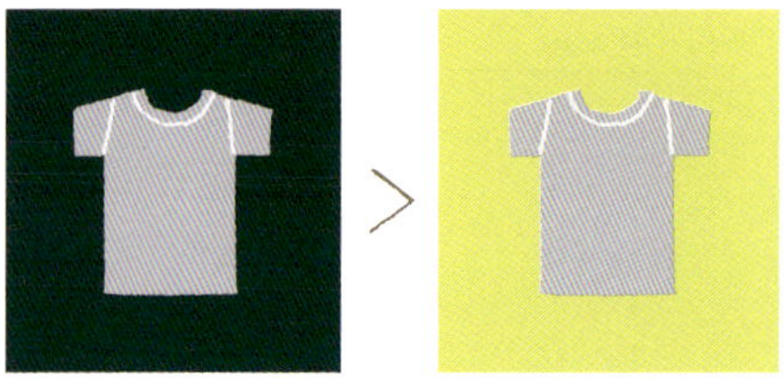

彩度の高いほうが
低い色より膨張して見える。

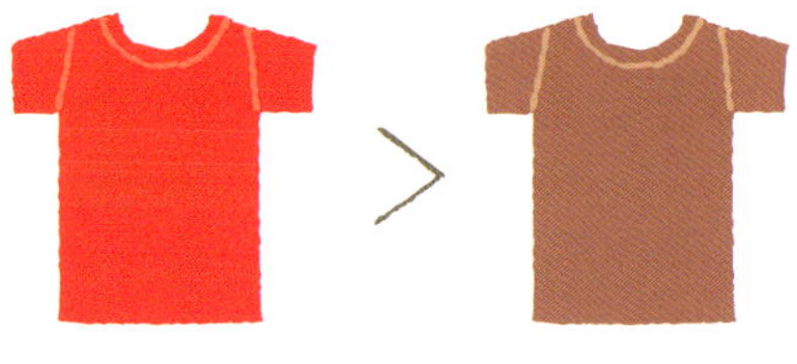

進出色と後退色

色が距離感に与える影響

同じ距離でも、前にあるように見える色と、後ろにあるように見える色がある。実際より前にあるように見える色を**進出色**、後ろにあるように見える色を**後退色**と呼んでいる。

一般的には、色の三属性のうち**色相**に影響されると考えられ、赤や黄などの暖色系が進出色、青などの寒色系が後退色といわれている。しかし実験結果にはバラつきがあり、実証することは難しい。

原因は明らかになっていない

もともと色相に影響される理由として、「色収差《いろしゅうさ》」によるという説が中心となっている。

長波長《ちょうはちょう》は赤、短波長は青など、色の違いは波長の長さの違いによるものだが、眼のレンズを通過するときの屈折率が、長波長は鈍角、短波長は鋭角と異なる。これを色収差という。

屈折率が鈍角の長波長は網膜《もうまく》より後ろに結像し、短波長の青は網膜の手前で結像する。この結像の違いを水晶体《すいしょうたい》が調整し、赤は後ろに結んだ像を前に引き戻すため実際よりも前に、青は前に結んだ像を後ろに引き戻すため実際よりも後ろに見えるというのが原因だという説だ。しかし感じ方にもかなり個人差があるといい、原因は確定されていない。

実験によっては、明度に影響される、灰色と有彩色では有彩色のほうが進出する、つまり彩度に影響されるというものもあり、進出色・後退色に関して、まだ答えがないといえる。

進出して見える色と後退して見える色

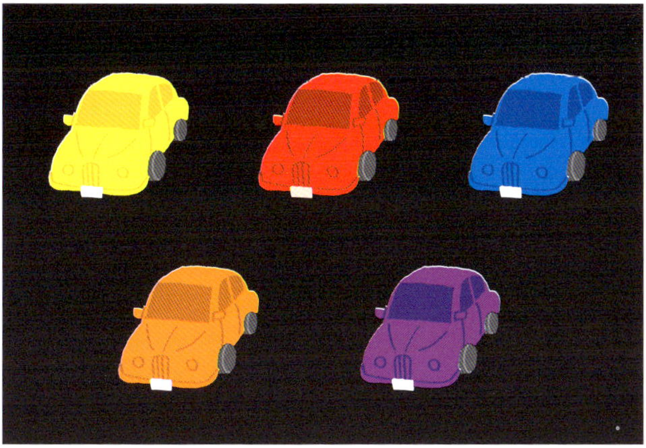

どの色が進出して見え、どの色が後退して見えるだろうか。

小学生の帽子やランドセルカバーなどの色に黄が多く用いられているのは、車のドライバーに見えやすいためという理由もある。

興奮する色と沈静する色

暖色は興奮し寒色は沈静する

塚田敢は1970年代に、東京在住の20代から40代の男女400人を対象として色の印象に関する調査を行なっている。これによると、**色の興奮・沈静感**では、色相、明度、彩度のいずれも関係があるが、**彩度**の影響が最も大きかったという。

色相では、赤と赤紫が興奮する色、紫と橙《だいだい》が中性、それ以外が沈静する色となっている。また、暖色系で赤みに色相が傾くほど興奮感が増大し、寒色系の青みに傾くほど沈静感が増大するという。最も興奮する色が赤という結論は、一般的にも承認されている結果だろう。

彩度は、高くなるほど興奮感が増した。つまり、赤を中心とした暖色系の色が鮮やかであるほど興奮感が増す。明度では、暗いよりは明るいほうが興奮感が増すとのことだが、色みの鮮やかさが優位である。

沈静感では、寒色系で暗く濁った色、つまり低明度、低彩度の色に沈静感が伴うということだ。ただ、青という色みが重要と考えられるので、彩度が低くなりすぎて色みがなくなってしまうと沈静感が消える可能性が高いだろう。

色による興奮・沈静感

■色相との関係

赤に近い色ほど興奮感が増す。　中性とされる色。　青に近い色ほど沈静感が増す。

■彩度・明度との関係

彩度が高いほど興奮感が増す。　明度が低い色に沈静感を抱く。

共感覚—音から色を感じる？

Column

共感覚の例

一般的に、音は聴覚でとらえ、匂いは嗅覚でとらえるというように、1つの刺激に対して1つの感覚が生じる。これに対して、音を聞くと色が見える、文字を見ると色が浮かぶ、味に形を感じるなど、同時に別領域の感覚が生じる特殊な知覚の体験を、「共感覚」と呼ぶ。

共感覚では、音や味など視覚以外から生まれる色の体験が多いといわれ、その逆に色から別の感覚が生じることは少ないとされる。特に、音から色を感じる共感覚保有者は、「色聴保有者」と呼ばれる。

音階と色

1905年に1人の色聴保有者に実施された実験では図のような関係が示され、7年後に同じ人物に同じ実験をしてもほぼ同じ結果であった。ただし音と色のつながりは人によって異なる。

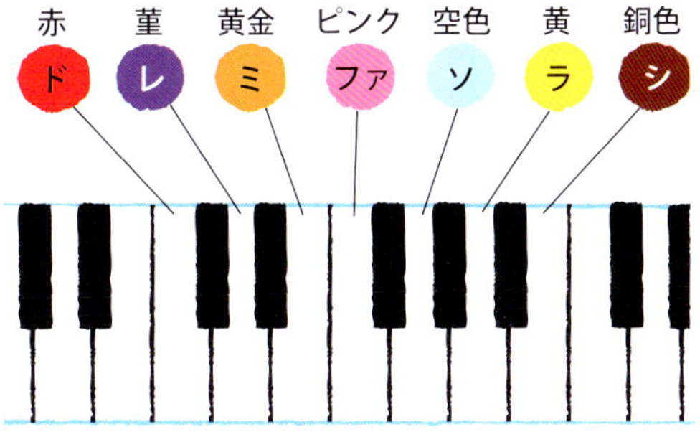

共感覚は、個人差も大きく刺激に対する反応も広く、原因も含め、まだはっきり解明はされていない。

一説によると、人間の初期では脳内の視覚、聴覚、味覚、嗅覚、触覚という五感が未分化だったが、それでは外部からの情報に対して素早く反応することが難しいため、各刺激からの知覚を整理し分化する必要があったというのだ。共感覚保有者には子どもが多く、成人するにつれ消えていくという説、原初の人類はみな共感覚を持っていたという説、また男女比では女性が多いとする説と男性が多いとする説があるなど、まだわからないことだらけなのである。

第3章

色彩で心を癒す方法

心の不調を訴える人に対する現場では、カウンセリングや心理療法を実施し支援している。すでに1章で触れたように、色は、主にその際の心理テストや芸術療法に関わっているといえ、研究は始まってまだ新しい。本章では、心理テスト、芸術療法などで色がどのように使われ、どのように分析されているのかを簡単に説明する。

また、芸術療法は専門家の下で行なわれてはじめて意味を持つといわれるが、個人でも行なうことのできるリフレッシュ法、リラックス法がある。そこで後半では、心を癒す色のセルフセラピーを取り上げ、手順を紹介する。

色彩と心理テスト

色を扱う心理テストは投影法に分類される。投影法のテストの中でも、ロールシャッハ・テスト、描画テストは色の分析も行なわれ世界的に使用されている。

色が関わる心理テスト

心理テストの種類と用い方

1章でも触れたように、臨床の場で実際に色が関わってくるのは、**心理テスト**と、援助や治療の際に用いられる**芸術療法**などだ。まず心理テストを見ていこう。

カウンセリングの場面や病院、その他の施設などで使用される心理テストを大きく分けると、発達や知能などを調べるものと、性格特性や病理性などを調べるもの、社会性や適性などを調べるものがある。色と関係するのは、主に性格特性や病理性に関わるもので、たとえば「**性格検査**」がこれにあたる。

性格検査には、一連の質問に対する答えを見る「**質問紙法**」、一定の作業の結果を見る「**作業法**」、曖昧な刺激に対する反応を見る「**投影法**《とうえいほう》」などがあり、色彩が関わるものは投影法に分類される。

テストは異なるタイプのテストを組み合わせる「テスト・バッテリー」という方法がよくとられる。これにより視点が変わり、被験者の多面性により近づけると考えられているのだ。

生活の中で出会う心理テスト

発達や知能を
調べるための
知能検査
進路を考えたり
入社したりするときの
適性検査
ストレスや病気、
対人関係で迷ったときの
性格検査
私たちは学校や会社、
病院などのさまざまな場面で心理テストを受けている。

性格検査の種類

質問紙法	作業法	投影法
「小さいことを気にやむ」「人と話すのが好き」などの、簡単な質問に対して答えてもらう。	一定時間内に数字の加算作業を行なうなど、一定の作業をしてもらう。	図形や言葉のような曖昧な刺激を与え、それに対して連想するものなどを自由に答えてもらう。色が関わるものは、投影法に分類される。
YG性格検査（矢田部―ギルフォード性格検査）、MMPI（ミネソタ多面的人格目録）など	内田クレペリン精神検査など	言語連想法、TAT、文章構成法、ロールシャッハ・テスト、バウムテストなど

さらに必要に応じてテスト結果と実際の人物を照らし合わせて、状態や心理的特性を見ることになる。それは研究を重ねて構成されたテストでも絶対ではないこと、また犯罪など特殊なケースでは意図的に反応を操作することも可能といえるためだ。一般的にイメージされる「テストは性格を確実に言い当てる」ということにはならない。人間の内面は複雑なのである。

こうしたことからも、テストによって無意識に出された被験者の反応や数値化された結果を、検査者がどのように読み解くかが重要だといえよう。

テストでもあり治療でもある投影法

投影法とは、「曖昧な刺激に対して人が反応する態度には、その人の無意識の領域にあるものが投影（反映）される」という考え方に基づいて行なわれる、性格検査の1つである。

しかし、投影法の中には、性格を探るテストであると同時に治療的意味を持ち、治療の一手段として考えられている技法もある。気持ちをありのまま表現することや、「深い理解と共感」で治療者に受け止められることが、内的世界へ働きかけると考えるからだ。

また、投影法にはもともとテストとして開発されたわけではないものもある。臨床家が治療の中で数を重ねて行なううちに、ある種の反応がある状態に結びつく症例を多数発見し、テストとして構築を進めていったという経緯もあるのだ。

投影法によるテストと治療の境界は、解釈のためか、治療の一環かという、行なう側の目的や態度の違いにも影響を受ける。

色が関わる投影法のテスト

多くの人が、好きな色や選ぶ色で性格がわかることを期待する。こうしたことを叶えるテストはあるのだろうか。

投影法《とうえいほう》で色を扱うものの代表は、次項で説明する**ロールシャッハ・テスト**や**描画テスト**だ。

色のみを使って行なうものでは、**モザイク・テスト**、**リュッシャー・カラーテスト**、**CPT（カラー・ピラミッド・テスト）**などが知られている。しかしその信憑性《しんぴょうせい》については賛否両論で、日本の病院などで使用されることはほとんどない。

日本で標準化、作成されたものでは、**カラー・ピラミッド・テスト**の日本版、**色彩象徴テスト**などがあるが、性格検査としての普及には及んでいない。ただし色彩象徴テストでは、同調性などの社会的適応の指標や、女性性、男性性の性度を見るなど、分析は難しいが、色から興味深い内容を引き出している。

主な投影法のテスト

ロールシャッハ・テスト

1921年にスイスの精神科医H.ロールシャッハが考案。インクのしみのような図版を見せて、何に見えるか答えてもらう。色のついた図版もあり、色も分析の１つの要素。

TAT（主題統覚検査）

1935年にアメリカの心理学者H.A.マレーとC.D.モーガンが考案。さまざまな場面に想定できる、曖昧な状況を描いた図版を見せて、ストーリーを作ってもらう。

SCT（文章構成法）

短い未完成の文章を見せて、その続きとして思い浮かんだ文を書いて、文章を完成してもらう。

描画テスト

画用紙に絵を描いてもらう。自由に描く自由画と、テーマや指示に従って描く課題画がある。課題画には、木を描いてもらうバウムテスト、人物を描いてもらう人物描画法などさまざまなものがある。彩色した場合は、色も分析の１つの要素となる。

リュッシャー・カラーテスト

1947年にスイスの心理学者M.リュッシャーが発表。ブルー、グリーン、レッド、イエロー、マゼンタ、ブラウン、ブラック、グレーの８色のカラープレートから好きな色、嫌いな色を選んでもらう。

モザイク・テスト

1929年にイギリスの小児科医M.ローエンフェルトが考案。青、赤、緑、黄、黒、白の６色のプラスチック板で、１枚の板の上に模様を作ってもらう。

CPT（カラー・ピラミッド・テスト）

1950年にスイスのM.フィスターが考案。24色の色彩カードで５段のピラミッドを、好きなパターンと嫌いなパターンを３回ずつ作ってもらう。赤なら、赤、薄い赤、強い赤、暗い赤の４種類があり、24色の内容は、赤４色、橙２色、黄２色、緑４色、青４色、紫３色、茶２色、白、灰、黒。同じ色を使ってもいいように各色15枚ずつある。

日本で標準化や作成された色を扱う投影法のテスト

カラー・ピラミッド・テスト

1983年に宗内敦らによって標準化された。各色の選択数と性格の関連が報告されており、一般の色彩の象徴性の研究や描画の色彩の研究と共通する部分も見られる。

赤や橙などの暖色系は外向性、衝動性、情動性に、青などの寒色系は内向性、統制、抑制に、無彩色は抑圧感に関わると解釈されている。

色彩象徴テスト

1952年に小保内虎夫、松岡武らによって考案され、その後、改訂を加えられた。刺激語といわれる41の言葉を提示し、それぞれの言葉に対して合うと思う色を16色の中から選択してもらう。

恐怖、不安、苦悶、幸福、歓喜、愛、運命、初対面など。
理想

色の選択結果からパーソナリティを５タイプ（同調過剰型、同調型、均衡型、非同調型、病的な非同調型）に分ける。

色を扱うテストの難しさ

では、色が持つ象徴性や、そこから読み取れるものは信じられないのだろうか。

たとえばテストではないが、重病の子どもの絵を研究するユング派の**S.バッハ**らは「藤色が病気の子どもにとって『転移《てんい》』という意味で用いられる」という結果を得ている。別のチームの研究でも同様の結果が出されており、それは否定できないだろう。

ただし、日本におけるユング派の第一人者である**河合隼雄《かわいはやお》**らは、治療者と患者との間で築かれた「本物の関係」の中で、「生死に関わる状況」にいる子どもは、説明しがたいような心の「源泉が活性化され表現されるようになる」と述べている。これらの背景があってはじめて、色がどのような意味を持っているのかが、治療で語られることになる。これが色の本当の難しさだろう。

条件がそろわなければ、そこに用いられた色は意味を持たず、しかし突発的に意味ある「表現」がされることもある。この不確かさが、色への理解を阻《はば》むのだ。

色だけを使ったテストは、現在、心理テストとして重要となる信頼性や妥当性が十分に検討されているものは未開発といえ、単純なテストとして使うには今後の研究が欠かせない。しかし、色がたくさんの意味を含んでいることは確かといえよう。

ロールシャッハ・テストと色

ロールシャッハ・テストとはどんなもの?

前述したように、色だけに頼る性格検査は難しい。しかし色が関連するテストとしては、ロールシャッハ・テストや描画テストなどがあり、色の反応も分析されている。これらのテストで色は重要な意味を持っている。

ロールシャッハ・テストは、1921年にスイスの精神科医、**H.ロールシャッハ**が考案したものである。10枚の左右対称でインクのしみのような図版を見せて、それが何に見えるのかを答えてもらう、非常に有名な投影法《とうえいほう》の性格検査だ。このテストだけで「普通の少年」と「非行少年」を非常に高い的中率で分類した話もあり、現在、公的機関や医療機関などで一番多く使用されている投影法といえる。

ロールシャッハ・テストの図版の例 ※図はイメージ

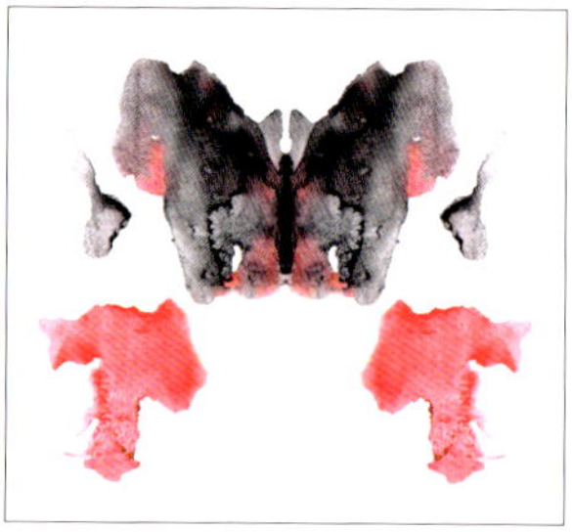

黒1色のもの5枚、黒と赤の2色のもの2枚、多色のもの3枚の計10枚の図版を見せて、何に見えるか答えてもらう。

思考様式　感情状態　対人関係

行動パターン　自己認知　病理性

などを分析

色に対する反応の一般的な解釈

※図はイメージ

■形か色か

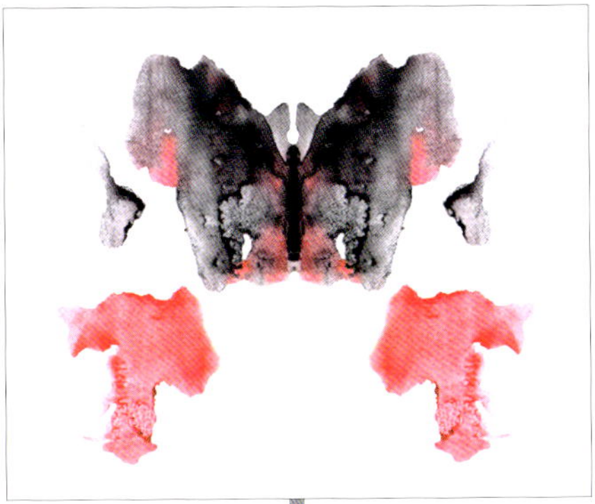

形に反応

知的側面に結びつくといわれる。

色に反応

情緒的側面に結びつくといわれる。

両者のバランスから、感受性や対人関係などを判断。

■どんな色への反応か

暖色に反応

感情や欲求が外に出やすい、行動力があり積極的な可能性。

寒色に反応

自己抑制が強い、依存的欲求がある可能性。

ロールシャッハ・テストからわかること

10枚の図版の色使いは、黒のみのもの、黒と赤のもの、多色のものの3種類があり、それを見た被験者の回答から、**思考**や**感情**、**行動パターン**、さらに**病理性**など多くの側面を考察することができる。色彩への反応は情緒的側面、形態への反応は知的側面につなげて考えられ、そのバランスも見る。

単純化すると、色彩に対する適宜な反応は、柔軟な人格を表していると考えられる。1つの解釈として、赤、黄などの暖色に反応する被験者は、感情や行動が外に出やすく、青や緑、黒などの寒色、暗い色に反応する被験者は、強い抑制を持つ可能性がある。

また、ヒステリー患者は赤に惹《ひ》かれながらも嫌悪するというアンビバレントな反応もあるので、色への反応を一般的な色の好き嫌いなどに単純に結びつけることはできない。

重要なことは、このテストが、**色は人の情緒に直接働きかけ、その反応には意味がある**ということを前提に成立しているということだ。つまりロールシャッハ・テストは、色彩が持つ心理学的意味を最も実証する、世界的なテストといえるのである。

描画テストと色

描画テストの種類

「**描画テスト**」という場合、課題を与えて描かせる**課題画**が主流だが、その他にも、自由に描かせる**自由画**がある。自由画は明快なテストというより、治療の中で描き手の状態を見る、治療の一環として行なわれることが多い。

課題画では人物を描かせる**人物描画法**が有名だろう。このテストを歴史的に見ると、幼児が描く人物の描かれ方が発達の度合いによって変化することから、知能の発達水準を見る検査「DAM」として1920年代に出発した。しかしこの検査で同じ知能年齢の評価を受けても、絵の表現が異なるため、そこに描き手の個性が反映されるともいえ判定が難しい。

そこで1940年代には性格検査としての**人物描画法**（DAP）や、家、木、人などを描く**HTPテスト**（家と樹木と人物描写検査）、**バウムテスト**などが体系化されていく。

それぞれ、画面のどこに、どのようなパーツが描かれたか、筆運びや陰影がどのようにつけられたかなど、たくさんのチェック項目がある。大切なのは、「表現されたものに描き手の人物像が投影される」という認識があることだ。

自由画と課題画

描画には自由画と課題画がある。どちらも内容や構成、色使い、タッチなどから被験者の心の状態を探るだけでなく、創造過程で内的世界が表出され治療的にも意味を持つと考えられている。

自由画

画用紙などに自由に絵を描いてもらう。着色してもらう場合もあれば、そうでない場合もある。

課題画

それぞれのテーマと指示に従って、画用紙などに絵を描いてもらう。着色してもらう場合もあれば、そうでない場合もある。また、1枚に1つのテーマの絵を描いてもらうものもあれば、何枚かの画用紙に描いてもらうものもある。

描画テストにおける色のとらえ方

こうしたテストは一般に色は使わず、無彩色の鉛筆が基本だ。しかし色彩への反応を見るロールシャッハ・テストが有効なことから、彩色をする研究もあり、海外では色を塗った**人物画法**や、家族が何かしているところを描く**動的家族画法**も研究されている。また川、山、田、道、家など約11のアイテムを描かせる**風景構成法**では、はじめから彩色用の道具が与えられる。

自由画などでは、特に子どもの絵の色に関して質、量ともに貴重な報告が多い。

主な課題画

バウムテスト

実のなる１本の木を描いてもらう。

人物描画法

１人の人物を描いてもらう。

動的家族画法

家族が何かしているところを描いてもらう。

HTPテスト

４枚の画用紙を用意し、家、木、人の絵を描いてもらう。

風景構成法

日本の精神科医、中井久夫が開発したもので、彩色用具が用意され、色をつける。1枚の画用紙に、川、山、田、道、木、家、人、花、動物、石や岩、他に足りないものまたは足したいと思うものを、風景として描いてもらう。

解釈は単純に色を見るのではなく、絵のどの部分に、どのように使われているか、他の色や他の作品など、さまざまな比較、時間の中での変化など、考察範囲が広く複雑で難しい。また、テストではなく、治療の中で描かれた絵の色を研究しているのが現状といえる。

しかし色によってその画面の臨場感や意味が強まることは事実だ。モノトーンの写真は懐かしい味を持つが、カラー写真がよりリアルでストレートに訴えかけてくることと似ている。

描画の中の色

描画は心理テストとしても治療としても用いられ、ユング派を中心に色の意味についても分析、研究が重ねられている。

描画の色の研究者と各色の分析

1章で触れたように無意識の領域を治療として扱った**C.G.ユング**は、描画などで表現された内容と同じ比重で、色と形にも重きを置くと述べている。こうした背景からも、テストではなく、治療の中で描かれた絵の色の研究では、ユング派が多いようだ。ここではそうした海外の研究者とその説や、日本の美術教育者の説を簡単に紹介し、比較する（表参照）。主な研究者の色の分析については、抜粋、単純化し、多少の解釈を加えて紹介していることを断っておきたい。

スーザン・R・バッハ（S.バッハ）

S.バッハは、重病の子どもが描く自由画の研究を長く重ねてきた。その研究では色彩についても言及しており、最近のユング派の代表的な考察といえる。

具体的な示唆《しさ》で、必要最低限の色鉛筆の種類は、赤、橙《だいだい》、黄の濃淡、茶の濃淡、

各研究者の色の分析①

	赤
S.バッハ	命にとって重要な血の色としての肯定的な意味と、そこに影響するような危険なサイン、「燃やしつくす」イメージとして現れることがある。情緒的には、情熱や憤怒を表すことも。また描かれた場所や物によって、（たとえば太陽のように）希望の象徴になることもある。
G.ファース	心理的には、非常に重要な、または差し迫った問題、危険の可能性。身体的には、急性の病気の可能性。ピンクは問題の解決。病気の峠を越えた状態。
M.レボヴィッツ	興奮、行動、欲望を意味し、衝動感を与え、攻撃や性を連想させる。競争や成功にもつながる。
香川・長谷川	活動、情熱、興奮、激情。

緑の濃淡、青の濃淡、紫の濃淡（著書では淡い紫と藤色としているが、描画を見ると紫の濃淡に見える）、白、軟らかい黒の鉛筆だと述べている。同じ色でも濃い色と淡い色では意味の違いが生じるといい、またどの色も二重の意味がある、つまり肯定的にも否定的にも考えられるとしている。

この研究は、治療者と患者の信頼をもとにした特別な関係が築かれ、治療の流れの中で行なわれた分析である。河合隼雄が「小学校の自由画にそのまま適用しないように」と厳重に求めているように、子どもの絵や色については、ある色を使ってこう描いたからどうだと一概にいえるほど単純ではなく、マニュアルになるような分析は行なわれていないことに注意したい。

グレッグ・ファース（G.ファース）

G.ファースは、アメリカのユング派の分析家である。対象を限定せずに幅広く絵画療法を行ない、色は重要な心理的、身体的要素を示すが、絵の理解を補うものと考えている。これは他の研究者も同様の意見だろう。しかし、色が、ある感情や気分、時には関係性までも象徴するとも述べている。

色の意味を考えるのに、自然の中の色が役立つと考える姿勢は、人間にとって普遍的な色の意味があることも前提としているのだと思われる。

分析では、場違いな色、欠落している色、色の強さに注意するべきといい、色の解釈は非常に難しく、素人がむやみに行なうことの危険性を示唆している。

橙	茶
赤の淡い色として、赤がエネルギーならば、橙はエネルギーの減少状態。エネルギーが減っていくとき、増えていくときの両方がこの状態にあたる。しかし健康な子どもは、この色を皮膚の色として使うことが多い。	濃い茶色は健康や大地的な象徴。大地は植物を育む場として命の根源的なイメージ。薄い茶色には生命力が減少した状態、腐食と結びつき不安定な状態の可能性。
生死の境をさまようような状況の可能性。エネルギーの減少。脅威的状況からの救出。	焦げ茶は、健康。この世につながっていること。淡い茶は、崩壊の可能性。または健康に戻るための苦闘の状態。
黄と赤の混合なので、矛盾や両義性を持つ感情につながる。（リュッシャーはこの色には触れていない）	土を連想し、定着感や安全、身体的リラックスへの欲求。
——	物的欲求、野心、渇望。

マーヴィン・レボヴィッツ(M.レボヴィッツ)

M.レボヴィッツはアメリカの精神分析家、心理療法家で、テストとしての描画法で色について触れている。色の解釈は、カラーテストを発表したリュッシャー(92ページ)の分析をもとにしている。

不適切な色の使われ方は、その色が持つ意味への過剰な期待や反応が見られるとし、たとえば、希望や期待感を表す黄が不適切に使われると、解放されたいという過度の願望や、より大きい幸せへの期待に関係すると述べている。

また、使った色の数についても触れている。1色(または黒と1色)ならばその描かれた象徴についての感情の制限、2色から4、5色ならば感情の自由と柔軟さ、5色、6色以上ならば(描かれた対象にもよるが)不安な感情の関与があると述べている。

各研究者の色の分析②

	黄	緑	青
S.バッハ	暖かく濃い黄は永続的な価値を持つもの、たとえば太陽などで希望を感じさせる色。淡い黄は、エネルギーが消えていこうとする可能性。心身のエネルギーの状態は、黄で表される可能性。	濃い緑は健康の象徴、あるいは病気の回復を望める可能性。淡い緑には健康に関する不安要因の可能性。	淡い青は距離感。生命力の喪失を表すのに使われていることがある。濃い青はその反対の可能性。晴天の空の色、水の色としてよく使われるが、それを単純に読み解くことは難しい。
G.ファース	黄金色は、価値のあるもの、大切なもの。淡い黄は、生命に危機が及ぶ可能性。	深緑は、健康な自我と身体。生命の成長。淡い黄緑は、心理、身体的な弱さ。治療の中で生命の消失、または甦ること。	鮮やかな青は、健康。生気の流れ。淡い青は、距離。徐々に消えていく、退却。
M.レボヴィッツ	憧れとくつろぎを伝える。希望や期待感、爽快感、自発性の感覚。	活気と解放感を引き出し、成長と金銭を連想させる。自己保存、持続性、自己主張、頑固、自尊心と結びつく。	静けさや平和、平安感、満足感、心の深層を伝える色。傷つきやすい傾向。
香川・長谷川	欲望の充足、依存、求愛。	休止、沈静、疲労、虚弱、回復。	自制、服従、自立。

アメリカと日本の児童画の色彩研究

シカゴ初の保育所の設立に尽くし幼児教育を研究したアメリカの**R.H.アルシューラ**は、同じくアメリカの**B.W.ハトウィック**とともに絵の中で表現される色と子どもの性格について事例研究を重ね、1947年に共著で臨床報告を発表している。

このアルシューラとハトウィックによる児童画の研究に触発され、当時の日本でも美術教育者らによる児童画の色彩研究が盛んになった。日本でよく見られる色と性格についての解釈は、彼女たちの著書に影響されていることも多い。

心理学からの出発ではないが、美術評論家、児童画教育運動のリーダーである**久保貞次郎**が絵の研究を行ない、児童画研究者の**浅利篤**が色彩標識を考え、それをベースにやはり教育者だった**香川勇**と**長谷川望**が色彩語として児童画の中での色の意味について発表している。

藤色（紫）	黒	白
身体的には、病気にとらえられ、無力感を感じる身体。気分的には、支援されている、逆にとらえられている状態など、抱きかかえられた感じ。	さまざまな意味を持ち、強い黒は力強さや決意の表現、また輪郭の場合は強さの欠如、まとまりを保つことの必要性など。黒でぬられたものは、危険なものの可能性がある。背景の黒は、気分や状態を暗示しているかもしれない。消耗性疾患の子どもたちが描く黒のぶつぶつ、腎臓移植を待つ患者たちの絵には、こうした色の背景が見出される。	白は人生の重要な部分の始まり、およびこの世の存在の完成という両方を表していると考えられる。
支配したい欲求や、反対に指示、支援を欲している可能性。問題の暗示。身体的には、発作などに襲われている状況。	未知のもの。陰影づけに使用されるなら、暗い考え、脅威、恐れ。	感情の抑圧。あらゆる色の後に使われる白は完成のサインの可能性。
赤と青の混合で、衝動性と穏やかさの両方が結合される。描き手は他者からユニークな人として注目されたい願望を持つ。無責任さと未熟さの要素もある。王者の連想から、他人への支配願望や称賛を受ける資格があると感じている可能性。	色の否定で、無や消滅感を伝える。夜、未知、恐怖、邪悪を連想する。輪郭を描くためなど、一般的な使用方法での黒の意味は考えない。	—
傷病、死。	抑圧、恐怖。灰色は、無、無気力、不安。	失敗、後悔、喪失、警戒、緊張。

色彩と芸術療法

芸術療法は心理療法の１つ。絵を描く絵画療法も含まれており、色は描画を中心に関わってくる。

芸術療法とは何か

芸術療法は心理療法の１つ

次に、これまで見てきた描画を含め、**芸術療法**について説明しよう。

芸術療法、あるいは**アートセラピー**という言葉は最近よく聞かれるようになったが、これは、音楽や絵画などをはじめ、さまざまな表現活動を用いた心理療法の総称である。

人間にとっては、表現自体に**カタルシス効果**（感情の浄化）があるといわれる。また言語では説明できないような無意識から湧き上がる感情や状態などをイメージとしてとらえ、他者との深い関係性の中で、造形やダンスなどの形にし、受け止められることで、治療や癒《いや》しが促進されると考えられている。この場合の「他者」と「創造する者」とは、医療機関では治療者と患者、心理相談などの施設ではセラピストとクライエントの関係となり、病理や心のようすを理解した専門家による知識と深い理解、共感的態度が効果への重要な役割を担《にな》っている。

患者（クライエント）にとっては、自らの作品に表現された自分自身を客観的に見つめ、イメージによって理解し、もう一度自分の中へ統合する作業が、重要といえる。

この芸術療法は、一般的には特別な精神疾患状態を除いて、対象者を選ばずに行なうことができる。

また海外では治療として確立されている。たとえばイギリスでは保険サービスとして公式に認められており、人々は各機関から、施設などへ状態に応じた治療先を紹介され、受けることができる。

芸術療法の歴史

ギリシア時代、天体の音楽で心は清められると哲学者**ピタゴラス**は述べた。実際の表現と治療方法という形としては、ここ100年ほど前からといえる。芸術療法という言葉を最初に使ったのは1951年、イギリスの**A.ヒル**とされる。

また１章で触れたように、ユングは自らの描画体験によって、無意識から表現された絵などの作品は人の治癒力に影響することを説き、治療でも実践した（40ページ）。日本でも芸術療法は1960年以降から研究、実践されている。

さまざまな芸術療法

絵画療法

自由に、または指示に従って絵を描く。

造形療法

陶芸や粘土細工など何かを造る。

音楽療法

歌を歌ったり、楽器を演奏したりする。

詩歌・俳句療法

詩や俳句、短歌などを詠む。

ダンス療法

ダンスをする。

箱庭療法

砂の入った箱の中に人や動物、木などの
ミニチュアを置く。

色が関わる芸術療法

芸術療法の種類

描画である**絵画療法**の他に、**造形療法**、**音楽療法**、**心理劇療法**、**詩歌・俳句療法**、**ダンス療法**なども芸術療法の１つである。さらに、コラージュ（切り貼り）、木彫り、版画、写真、最近ではパソコンを使ったビジュアル作りなども行なわれている。また、よく知られている**箱庭療法**については、独立した治療法とも芸術療法の１つとも考えられる。

色彩が関係するのは描画が中心で、テストとしても使われる**課題画**や**自由画**以外にも、**フィンガーペインティング**、**交互色彩分割法**、**スクィッグル法**（交互なぐり描き法）、**MSSM**（交互なぐり描き投影・物語統合法）、**九分割統合絵画**、**ぬり絵**など、多くの技法がある。

色が関わる主なもの

フィンガーペインティング

手や指に直接、絵の具をつけて色をぬる。

交互色彩分割法

描かれた枠の中を治療者と患者が交互に線を引いて区切り、交互に色をぬる。

スクィッグル法

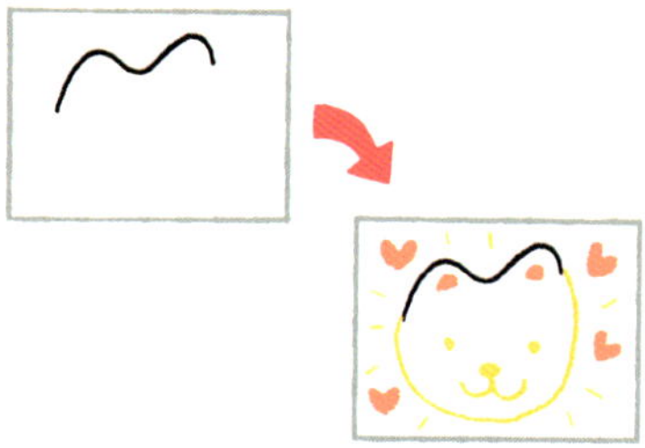

ペンでぐるぐる線を描いてもらい、そこに何が見えるか説明してもらって色をぬらせる。これを治療者と交互に行なう。

MSSM

山中康裕が開発した、B4判の画用紙１枚の中にスクィッグルの要素とそれをもとに物語を作る技法。

日常生活の中での表現

日常の「表現する」という行為自体に、カタルシスがある。

治療の場合は他者である治療者が関わり、ともに歩むことが最も重要となるが、そうした状況以外では、絵を描く、街角で写真を撮る、カラオケで歌うなど、日常的に表現を取り入れると楽しみながら発散することができる。

表現することの意味

芸術療法は、表現している者にとって単純に発散という意味を持つときもある。しかし多くは、生きていく中で問題となっている「何か」が、「象徴的な形」をとって現れると考えられる。治療者やセラピストは、そこにある問題を一緒に味わい、必要に応じて解釈し、状態を把握しながら見ていくのである。

たとえば描画で抽象的に色が表現されていれば、線などの勢いといった表情、位置や色の状態を見る。何色か、どのようなトーン、バランスか、使った順番や重ね方、全体の印象を見る。またそれが具体的な何かを描いているのなら、色がどのように、どこに使われているかを見る。色が持つイメージや象徴性、制作者と色の関係などを考え合わせ、さまざまな状況を踏まえて解釈しているのだ。

同時に制作した本人は、自分の内面の問題を自分から離して見ており、何かを連想して語ることが多い。

あるセッションで作品を創り上げた人は、「この汚い色を知っている。これは自分の子ども時代の継母の色だと思う。ドロドロとして拭《ぬぐ》いきれないイメージそのものだ。まだ私の中にあったのか」と語った後で泣き始めた。これは非常に直接的な印象だが、そこに何を見つけ、どのように自分の中に位置づけるかは大切なことなのだ。

そして臨床の体験からいえば、後で振り返ると作品を創った時期あたりからゆっくり何かの変化が起き始めたという話を、よく聞く。もちろん変化は人それぞれだが、問題が大きいほど不思議とそうした話を聞くことになる。

表現した作品を受け止めることは、ユングが考えるように、無意識と意識をつなぐことになる。また、何かの表現をうまく生活に取り入れて気持ちのバランスを取ることは、複雑になった社会に生きる私たちには必要といえよう。

色をぬる

色を楽しめる人は、自由にぬることで、その色を味わいながら心をリフレッシュすることができる。

自由に色をぬる

ぬり絵が脳を活性化する

日常で私たちは、カラオケで歌を歌ったり写真を撮ったりと、表現することを楽しんでいる。芸術やアートという言葉に惑わされず、表現を生活にうまく取り入れることが、芸術療法の実践となるのだ。ここでは簡単な方法を紹介しよう。

以前、大人のぬり絵がブームになった。それは、原画と比較したり色を選んでぬったりする作業が、脳全体を使い活性化させるといわれるからだ。また絵を描けない人でも美しい作品が完成するため、達成感、満足感が得られ、その喜び

ぬり絵による脳の活性部位

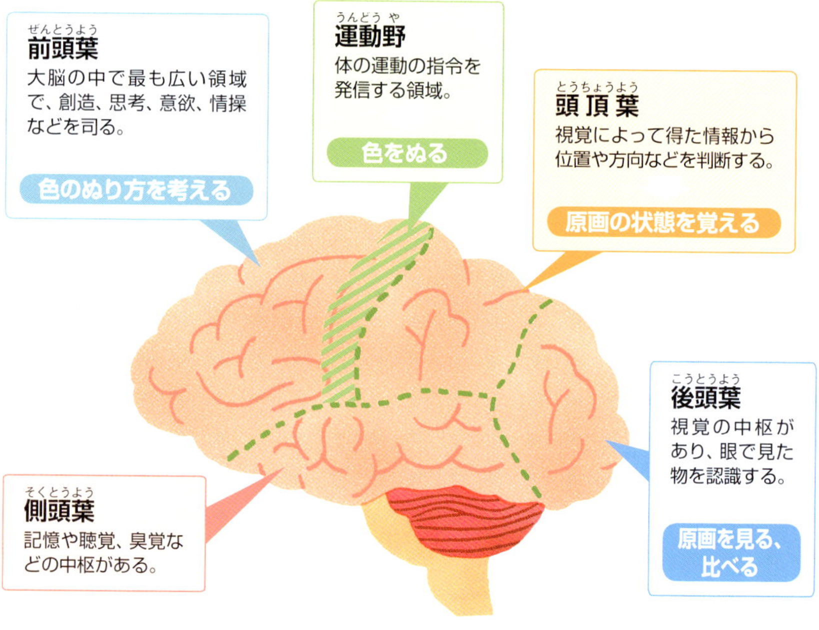
前頭葉《ぜんとうよう》
大脳の中で最も広い領域で、創造、思考、意欲、情操などを司る。
色のぬり方を考える
運動野《うんどうや》
体の運動の指令を発信する領域。
色をぬる
頭頂葉《とうちょうよう》
視覚によって得た情報から位置や方向などを判断する。
原画の状態を覚える
後頭葉《こうとうよう》
視覚の中枢があり、眼で見た物を認識する。
原画を見る、比べる
側頭葉《そくとうよう》
記憶や聴覚、臭覚などの中枢がある。

によって幸福のホルモンと呼ばれる神経伝達物質、ドーパミンが脳内に放出される。一連のこの体験は良質な気分転換となり、脳への非常によい刺激と考えられているのだ。

色をぬることは、まさにセルフアートセラピーの行為となる。また、ある色に心が惹《ひ》きつけられるときは、その色が引き出す感情に自分が浸りたいときともいえる。色を見て、使い、味わうことに意味があるのだ。

ぬり絵に慣れてきたら、下絵は風景や花など具象的なものではなく、曼荼羅《まんだら》のような抽象的で形に意味のないぬり絵を試してみるのも、1つの手段だ。具体的な下絵は、空は水色、木々は緑など、使う色が決まってしまい、本当に心が求める色を自由に使えない可能性もある。抽象的な下絵ならば、色で心をより解放できるともいえるだろう。

色をぬることの実践法

step.1
具象的な下絵をぬる

はじめは、風景や静物、人物、動物などの具象的な下絵を選んでぬり絵をする。

step.2
抽象的な下絵をぬる

具象的な下絵をぬることに慣れたら、幾何学的な模様や曼荼羅のような意味のない抽象的な下絵を選んでぬる。

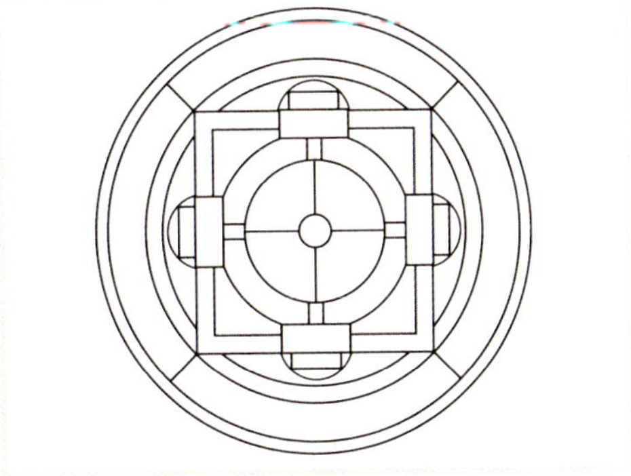

step.3
自由に色をぬる、絵を描く

ぬり絵ではなく、自由に絵を描いたり、次のページで紹介するように自由に色をぬったりする。

「自由に」色を使うことの意味

突然、自由に色をぬるようにいわれても、思いつくまま色をぬりはじめることのできる人は、もともと絵心のある人や、好奇心旺盛な心の柔らかい人といえる。

実は「自由にぬってもいい」というのは、意外に大変なことだ。不安が高いときは、「自由に」ということが負担になる。それが治療の中で行なわれる場合は、真面目な人ほどしっかりやらなければと思いつめて、少しも楽しくない苦しい作業になってしまう。「やりたい人だけがやりたいときにやる」。これが大切である。

ぬり絵で色に慣れ、もっと色を感じてみたいと思う人は、より自由な度合いが高い自由画に入ってみるといいだろう。安価なパステルもあるので、それをぬる、指でぼかすといった方法なら簡単で楽しい。

用意するもの

画用紙などの白い紙

パステル

パステルは使い方に何も決まりがなく、子どものときに使ったクレヨンと同様、簡単で発色も美しいため、初心者でも十分楽しめる画材だ。

手順

1 好きな色を１色ぬる

１枚目は、好きな色を１色、ただぬってみる。ぬる位置も形も、手が勝手に動くままに任せればいい。色をよく見ながら味わってほしい。

2 2色を使ってぬる

2枚目は、好きな色にもう1色加え、2色を使ってぬってみる。
円を描くようにぬって、渦巻きのようにどんどん円を加えていくというのも1つの方法だ。

作品例①

作品例②

色は気持ちが落ち着くまでぬるといい。
そして「これでいいや」と思えたら、そこで終わりにしよう。

具体的な何かや形を描こうと思わなくていい。大切なのは、色を味わうことだ。何かが心の深層に触れ、言葉の代わりに語られていく。そして気持ちが収まるところに収まる、そんなふうに感じられるかもしれない。

しかし、人の気持ちは千差万別。同じ人でも、その日、その時で感じ方は異なる。色で楽しくなる日も、そうならない日もあるので、気分の乗らない日はストップしよう。

色を気軽に自由に使い、味わえることも、心の状態を見る1つのバロメーターといえるだろう。

フィンガーペインティング

フィンガーペインティングとは?

ストレスが溜《た》まったら発散することが大切とよくいわれる。できればこのとき、受動的な方法と能動的な方法をメニューに持っておくといいだろう。

たとえば、映画を見る、音楽を聴くといったものは受動的な方法、カラオケで歌う、スポーツをするといったものは能動的な方法である。そのときの自分に合ったストレス解消法を、自分のメニューの中から見つけることが大切で、日常でできるものをたくさん用意しておきたい。

こうした解消法の1つにもなるのが、芸術療法のグループセッションでも行なう「**フィンガーペインティング**」だ。

これは指や手のひらを使って色をぬるというもので、体も気持ちよく使え、また色を全身で感じて受け止めることができるダイナミックさがある。子どもの泥遊びのように手を使って汚すような作業は、日常ではあまり使わない感覚を活性化する。また人の心を退行させ、自由度が上がるため、解放感が高まるので、試してほしい。

用意するもの

大きい白い
模造紙数枚
新聞紙
絵の具やポスターカラー
大きな刷毛
ポスターカラーを
出すときに使うスプーンや筆
絵の具を乗せる紙皿など
汚れてもいい服装
雑巾
貼るための
セロハンテープなど
水を入れる紙またはプラス
チックのバケツやボウル

手順

手が紙からはみ出してもいいように、壁に新聞紙をセロハンテープなどでセットする。
新聞紙の高さは、腕を伸ばした先に紙の先端がくるように貼る。腕を伸ばして描くことができれば、より全身で楽しむことができる。
足元にも新聞紙を敷く。汚さないことも、後片づけを気にすることなく自由になれる。

1 新聞紙をセットする

2 模造紙をセットする

セットした新聞紙の上に模造紙を貼る。

3 色材の準備をする

絵の具やポスターカラーなどから、好きな色を、筆やスプーンで紙皿に出す。よく伸びるように水を適度に加える。
皿の上で指で絵の具を混ぜるので、パレットは必要ない。

4 水張りをする

ボウルやバケツに水を入れる。
大きな刷毛にその水を含ませ、紙全体をぬらしていく。
先に水張りをすることで、絵の具の伸びがよくなる。

5 指や手で自由にぬる

指や手に絵の具やポスターカラーをつけて自由にぬる。
大切なのは、何かを描こうと思わないこと。紙に絵の具がにじんでいくようすを静かに眺めていてもよし。手を紙の上から下に向かって、絵の具と湿った紙の感触とを味わいつつぬり、体の動きを楽しんでもよし。心の赴くままに、自由に、手や指で色を遊ぶ。腕を伸ばして大きく描く動作は、絵を描く普通の感覚とは異なり、新しい体験となるだろう。

作品例

汚れることに抵抗があれば、最初は指先だけでもいい。そのうち、楽しさや諦めから色を受け入れ、十分に色の世界を確かめられるだろう。色材を混ぜる作業も、泥遊びのような感覚になっていく。体の感覚も意識してほしい。

6 作品を鑑賞する

十分満足したならぬる作業を終わりにして、タイトルをつける。少し離れて眺めてみよう。色や形はどのようになっているだろうか。
気に入らないものは捨てて構わない。気に入ったらサインをし、裏に日付けを入れ、保管しよう。

机の上より壁に紙を貼って行なうほうが、体を自由に動かすことができる。能動的になるため、より効果的。

白い用紙が意味するもの

真っ白い用紙は、未知の象徴である。計画性を重んじ、常によい見本とゴールを提示されてきた現代人にとって、何も示されない状態は「不安」そのものだ。

指を汚すことに抵抗がある（かもしれない）体感を伴いながら、その不安を受け入れること、自分からアクションを起こして向かっていくことは、自分の殻《から》を破る一歩へとつながる。

また、知的な大人として無意識に規制していた日常の自分にとって、子どものように、何も気にせずに汚れ、色を純粋に感じるだけの作業は、気持ちが解き放たれる時間となるだろう。

解放される快感、自由に振るまえる喜びを発見する。そんな醍醐味《だいごみ》を味わえるのが、フィンガーペインティングだ。

細かいことに神経質になっている自分を感じているようなときに、この方法を勧めたい。

墨でぬる

香りが記憶や感情に影響を与える

こんな話がある。小学生のある女の子が自宅の玄関に入ったとたん、突然大きな声で母親を呼んだ。「お母さん、何だかおばあちゃんがいるみたいなんだけど！」。しかし彼女の祖母は6年前、彼女が幼稚園児のときに亡くなっている。一体、何が起きたのか。驚いた母親はそのとき、玄関に飾っていたユリのつぼみが咲いて香っていることに気づいた。ユリは祖母の納棺の際に棺を埋め尽くしていた花だった。この香りが6年の時を経て、突然に彼女の幼いときの強烈な記憶を呼び起こしたのである。

このように、記憶や感情が香りの影響を強く受けることは、実験や調査でも明らかにされている。それは、五感の中で嗅覚への刺激だけが、直接、脳の大脳辺《だいのうへん》縁系《えんけい》という部位に届くからだといわれている。大脳辺縁系とは、記憶も含めて感情を処理する部位なのだ。

アロマテラピーに効果があるのは、脳の機能から考えても当然だ。実際に香りを体験する前と後では、怒り、不安、緊張などのさまざまなネガティブな感情が抑制されることがわかっている。不安になりそうな日に香りのついたハンカチを持ち、気持ちを落ち着けるために利用している人もいるようだ。

主な香りと効果

アロマテラピーとは花や木など植物から抽出された芳香成分を精油にし利用した療法のこと。気分的な癒し効果がもたらされるだけでなく、身体の調子を整えることや健康維持の目的で、マッサージや入浴、吸入などに用いられる。

ベルガモット	柑橘系だが複雑な繊細さがあり誰もが好みやすい香り。気持ちの落ち込みやストレスに効果的。気持ちを切り替えるのに役立つ。
カモミール	お茶などでもなじみがある素朴な植物の香り。緊張などを和らげる鎮静作用がある。月経周期を整え、月経痛を和らげるなどの効果がある。
ゼラニウム	バラに近いがより複雑なフローラル系の香り。神経の緊張やストレス緩和に効果的。また更年期障害、月経前症候群にも効果がある。
イランイラン	フローラルな甘さとエキゾチックな柔らかい香り。緊張をほぐし、リラックスを促す。男女ともに性的障害に効果的。
ティートゥリー	清涼感があり、鼻をスッとさせるような香り。スッキリしたリフレッシュ感を得られる。水ぶくれや虫さされにも効果がある。
サンダルウッド	白檀のこと。オリエンタルな印象で芳醇な深みのある香り。心を落ち着けリラックスするのに効果的。喉の痛みや気管支炎にも効くといわれる。

墨がもたらす効果

画材にも、香りの効果を持つものがある。それが**墨**だ。墨は、造られるときに、龍脳《りゅうのう》や麝香《じゃこう》といった香料が使用されている。あの凛《りん》とした墨独特の香りは、これらの香料が生み出しているのだ。

墨の黒や用紙の白という、有彩色が絶たれた世界は、日本人にとって幽玄《ゆうげん》の世界だ。また、樟脳《しょうのう》に似た龍脳の香りは、ちょうど古い寺社にでも入ったときのような、落ち着きと静かな爽快感をもたらすだろう。

黒という色は、時として怒りや攻撃のシンボルとなる。黒を思い切りぬることが、内側にたまって高まった圧力を抜くこともあるのだ。

問題行動を起こす児童に、墨を使うセッションを行なうことがある。最初に使われた黒の色は怒りの現われとなり、それを十分に味わうと、次第に白と黒の静かな世界へ入っていける。香りはその誘導として役に立つ。また、自分を守る防御の役割を黒が担《にな》い、不安定な子どもにとっては、かえって自由な表現がしやすくなるようだ。沈静作用のある香りと墨の色が効果を発揮できるセッションとなる。

墨を使ってぬってみよう

落ち着いた気持ちになりたいときには、墨を使ってみよう。

墨というと文字を書くというイメージがあるが、香りを楽しみ、ただ黒と白の色の世界を楽しむためだけに使ってみたい。新鮮な感覚を体験できるはずだ。

気に入った作品はサインを入れ、題名をつけ、裏に日付を入れて残しておこう。

用意するもの

墨（墨汁でもいい）

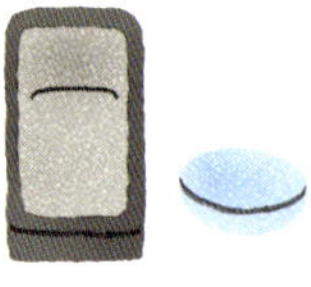

硯または墨汁を入れる容器

筆や刷毛

ボウルまたはバケツに水を入れ、墨はすっておく。

模造紙や画用紙

水を入れるボウルまたはバケツなど

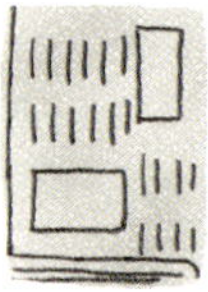

新聞紙

手順

1 紙をセットし水張りする

用紙をセットする。

フィンガーペインティングのように、水を含ませた刷毛で紙全体をぬらし水張りをする。

2 墨をぬる

墨を使う。色をぬる作業と同じように形にこだわらず、模造紙や画用紙にただ楽しむように線を引く、ぬりたくる、墨をたらすなど自由にしよう。
水張りをしておくと、にじみが作り出す不思議な模様を楽しむことができる。
ゆっくりと1つ1つ味わうといい。

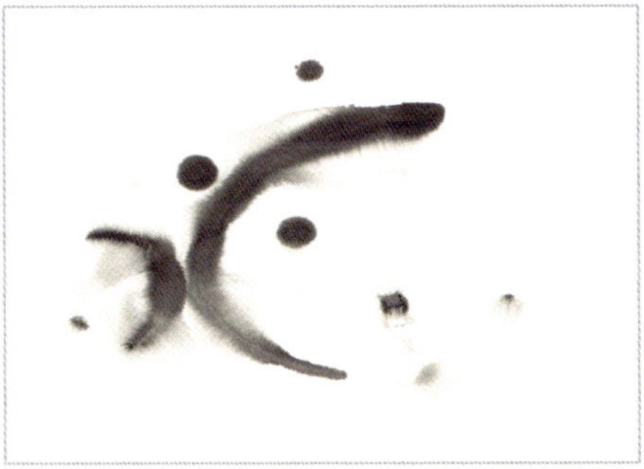

作品例①

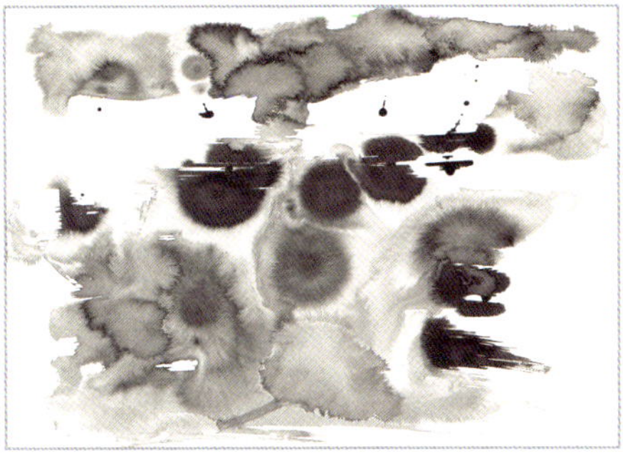

作品例②

色を使った呼吸法

呼吸法には十分な酸素の供給とリラックスを生み出す効果があり、カウンセリングなどでもよく行なわれている。

ウォーミングアップとしての呼吸法

心と体はつながっている

気持ちを落ち着かせたりリラックスしたりする方法は、セルフセラピーとして誰もが日常に取り入れることができる。ここでは色を使ったリラックス法を紹介しよう。

最初に、体と心をリラックスさせる基本、ウォーミングアップとしてシンプルな**呼吸法**を、次に色のイメージを利用した応用を紹介する。

私たちはストレスを感じると、体が知らず知らずに硬直する。この体の硬直は、心の硬直とも正比例した状態といえる。カウンセリングの場面でも、いかに体の緊張を取り除くかが大切になる。

呼吸法の手順

椅子に深く腰かけ、手は太ももの上に軽く置き、背筋を伸ばす。
体の力を抜いて軽く目を閉じる。

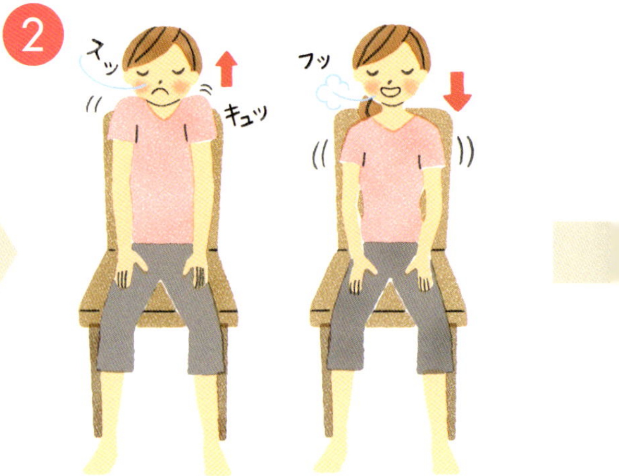

息を吸い、力を入れて肩をキュっと上げ、フッと勢いよく吐きながら下げ力を抜く。これを３回くらい行ない、頬やあご、首、肩、胸の力が抜けているか確認しよう。この状態で呼吸法に入る。

たとえば、怒鳴られた場面を想像してみよう。体と心が、ギュッと縮むような感じを受けないだろうか。突然の攻撃を受けると、人間の体は瞬時に筋肉を緊張させ、反射的に次に起きること――退却か攻撃――への準備をする。同時に気持ちも緊張している。心と体は一体なのだ。

ここでもし深呼吸ができたら、どうだろう。体は緩むはずだ。そして体が緩むと、心も少しだが緩んで落ち着く。体をうまく緩めることが心を緩めることにもつながるのだ。

呼吸法で心身の緊張をときほぐす

呼吸法は免疫力を高めるとよくいわれる。ヨガ発祥の地インドでは、呼吸法をリラクゼーションのみならず、うつの治療などに用い、その効果を実証するデータを発表している。また、脳波の研究では、アメリカで呼吸法によってリラックス時に生じるアルファ波の増幅が報じられており、リラックス感を高めるのに有効であることは明らかだ。

呼吸法の実践方法はいくつかあるが、共通していることは、**腹式呼吸**で行なうこと、息を吸うときは鼻から吸うことである。腹式呼吸は、吸うときに腹部が膨らみ、吐くときに引っ込む。人は横になると腹式呼吸になるので、寝る際に行なってもいいだろう。

ここでは、椅子に腰かける方法で説明する。

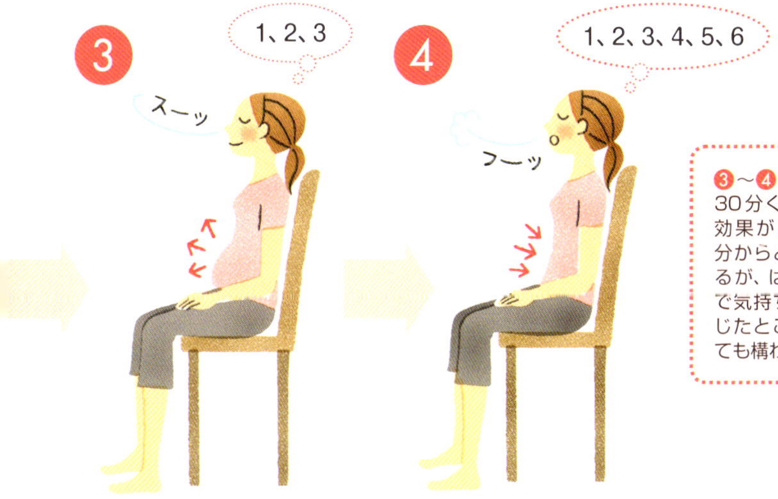

❸～❹を20分から30分くらい続ける。効果が出るのは20分からといわれているが、はじめは自分で気持ちがいいと感じたところで終了しても構わない。

息は３つ数えながら鼻から吸い、６つ数えながら吐き出す。鼻から吐き出しても口から出してもいい。
吸うときは力を入れず普通に、吐くときは細くロウソクの火を消すようなイメージで。腹部は吸うときに膨らみ、吐くときに引っ込む。

色のイメージを取り入れた呼吸法

次に、呼吸法に色のイメージを取り入れた方法を紹介しよう。

イメージする色は、柔らかで明るく淡い**ピンク**（自分の好きなタイプのピンク）を使うことが好ましい。イメージしにくい場合は、右のような、きれいなピンク色の花の写真などを実際に見てから、目を閉じるといい。

1 体の力を抜く

肩幅くらいに足を広げて立つ。
背筋を伸ばし、呼吸法のはじめに行なったように肩の上げ下げを伴う呼吸を2、3回繰り返し、力を抜く。

息を吸いながら肩をキュッと上げ、
息を勢いよく吐きながら肩を下げ、力を抜く。

2 ピンクをイメージする

慣れるまで両手は下腹部の上に。

下腹部を意識し、体の重心が下腹部の下あたりにあるような気持ちで立つ。
自分のまわりが淡い気持ちのいいピンク色の空気で一杯になっている状態をイメージする。

3 ピンクの空気を吸う

その空気をゆっくり腹式呼吸で鼻から吸い込む。
淡いピンクの空気が一気に体中を満たすイメージを描き、頭や胴体、手足の指先まで十分にピンクを貯めていく。

④ 余分なものを吐く

吐く息は透明
や薄いグレー
をイメージ。

軽く息を止めて、満たされた感じを味わい、
今度は体の中の余分なものが息と一緒に吐き
出されるイメージで口から吐いていく。
吐く時間は吸う時間の２倍以上に。

　食の色のように、体に取り入れる色として抵抗が少ないのは暖色系と緑である。呼吸法でも同様だ。青を体に取り入れると冷え過ぎてしまうし、濃い色では刺激が強すぎる。ピンクは人間の肌の色に近く、特に幼児や元気な人の肌の色である。また花の蕾《つぼみ》のようなかわいらしく幼い色でもある。

　つまりピンクは体が欲する健康と若さにつながるため、呼吸法で使われるのだ。新緑の空気というイメージで淡い緑、やさしい太陽の光というイメージで白に近い淡い黄色を使う場合もあるが、一番多く使うのはピンクである。

③～④を２、３回、自分が気持ちよく満足する程度に行なう。

より効果を高める方法

基本の方法に慣れてきたら、両手を広げ、
息を吸いながら両手を頭の上へ持ってい
く。ピンクの空気を自分へ向けて囲むよ
うに伸ばす。

押された息は
地面に入って
しまうイメー
ジを描く。

吐いた息を地面に向かって押していくイメージで、
肘を曲げながら両手をゆっくり下げていく。
手が下がって肘が少し曲がるところで息を吐きき
るように調整する。

**色を使った呼吸法は、ゆったりとした気持ちで、
心地よさと幸福に包まれるようなイメージで行ないたい。**

イメージ療法

イメージの力は心身に影響を与えるほど大きい。この力を心理療法に応用したのが、イメージ療法である。

イメージの力とその活用法

イメージが症状を引き起こす？

頭の中で思い浮かべる「**イメージ**」が体に影響を及ぼすということを、私たちは生活の中で体験している。たとえば「梅干しをイメージしてください」といわれると、口の中の唾液の分泌量が増加するだろう。実際にそうしたことが実験され（実験は梅干しではなく酸っぱい水だったが）、イメージが体の反応を引き起こすことが実証されている。

また、その力が強いからこそ、イメージが症状を引き起こすことがある。

たとえば、エレベーターや電車内などで自分が動けない状態がきっかけとなり、動悸《どうき》や窒息感《ちっそくかん》、発汗、震えなどが起きるケースだ。動けないという「イメージ」、実際にはそこから出ることができるのに、出られないと「思う」ことで異変が生じるのだ。

イメージの実験

ハゼにかぶれやすい高校生に目隠しをし、左腕にはクリの葉だと伝えハゼの葉を、右腕にはハゼの葉と伝えてクリの葉をこすりつけた。

すると、13名中9名が、ハゼの葉がつけられた左腕には何も反応が起きないのに、クリの葉をこすりつけた右腕にハゼまけの反応が生じたのである。つまりイメージに影響され、人体が反応したという驚くべき結果となった。

イメージを使ったトレーニング

スポーツではよくイメージを使ったトレーニングが取り入れられている。

頭の中で成功する場面や動き、競技の流れなどをリアルに繰り返しイメージすることで、実際に試合や競技に自信を持って臨むことができ、能力の向上にもつながる。

スポーツ界や治療でのイメージの活用

実は、このようなイメージの強い力を、自分のためにポジティブに使うことが可能だ。

その代表的な例が、スポーツ界でよく用いられる**イメージトレーニング**である。これは、実際の動作をリアルにイメージすることで、まるで本当にその筋肉が動いているような反応が脳で起きるというものだ。成功するイメージがリアルに描ければ描けるほど、成功率が高まるともいわれている。脳による訓練効果と成功のイメージで自信をつけ、適度の緊張とリラックス感が、実際の場面における成功を支える。

イメージトレーニングは特にアメリカなどでは非常に盛んで、日本でも最近は各種のスポーツで取り入れられている。

また、がん患者に対して、がん細胞を破壊するイメージや回復するイメージといった、ポジティブなイメージを用いた療法が行なわれることもある。

イメージを単純に定義するならば、人が心に思い浮かべることができる五感すべてといえる。**イメージ療法**は、クライエントが思い浮かべたイメージを、誘導などにより膨らませ、体験させ、現実的な行動に影響を与えることができ、心理療法のほか、一般的な健康増進にも使える技法といわれている。

こうした背景には、実際に思い浮かべるイメージが、心にも体にも影響を及ぼす力を持つことが、実験などで実証されていることがあるのだ。この力をセルフセラピーに取り入れてみよう。

カウンセリングの中のイメージ療法

イメージ療法と呼ばなくても、イメージを活用する方法は多様に実践されてきた。たとえば**自律訓練法**《じりつくんれんほう》という技法は、イメージを用いたもので、現在も効果ある技法として医療機関やカウンセリングで活用されている。また不安や恐怖の治療法として行なわれている**系統的脱感作**《けいとうてきだつかんさ》**法**《ほう》は、治療の中で、不安なものを実際に体験させるのではなく、イメージで体験させ、その克服を目指す技法である。

イメージ療法は、自由に思い浮かべるフリー・イメージ療法や、課題に沿って行なう方法が主だ。また、治療ではなくイメージを心に浮かべ、リラクゼーションなどに役立てる方法は、健康増進としてアメリカなどでは広く行なわれている。

イメージの用い方

イメージは勝手に展開する自律性があるといわれ、治療ではセラピストが課題を与えるなどでコントロールをする。

その他、一般には、リラクゼーションのためのテクニック、スポーツ競技、楽器の演奏などの学習や練習、演説やお見合いなど、物事をスムーズに進めるために場面を想定して行なうリハーサルなどにもイメージを使える。

リラクゼーションでは、美しい風景を思い浮かべるなどしてリフレッシュする。

スポーツでは、スポーツ心理学として総合的にコントロールするメンタル・トレーニングが盛ん。また、楽器の演奏会などで上手に演奏するための練習として行なう。

社内のプレゼンテーションのために、イメージでリハーサルを行なう。

イメージ力を向上させる訓練

色が人に働きかける力を考えると、イメージ療法に色を利用することでリアルさが増し、より効果を高めることができるといえよう。

ここではファーストステップとして、色を使ったイメージの練習を4つ紹介する。これはイメージする力を高め、集中力を高めることにも役立つ練習法だが、必須のものではない。イメージすることが苦手な人は行なってみよう。

基本

どの訓練も、この基本から始める。

椅子に座り、目を閉じて体の力を抜き、深呼吸を2、3回ゆっくり行なう。顔、頬やあご、肩、首、胸の力を抜くことを意識する。

step.1 円をイメージする

丸い円をイメージする。そこに赤い色をつける。眺めるような気持ちで見る。
はっきりイメージできるようなら、青、緑、オレンジなど色を変えてみる。うまくできたら終了する。

step.2 形と色をイメージする

赤い円、青い正方形、黄色い三角形、オレンジの楕円、緑の長方形をそれぞれ思い浮かべてみる。色がはっきりするようにイメージする。
できたら、各色の形を並べてみる。終了する。

step.3 オレンジ（みかん）をイメージする

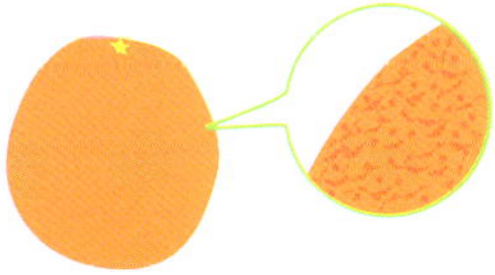

まずオレンジの色、次に表面のデコボコした質感、次に香りを思い浮かべ深く吸うように感じる。
最後にオレンジのすべてを感じるように思い浮かべる。できたら終了する。

step.4 自由なビジュアル

身近なマークやロゴなど、実際に目の前にあるシンプルなものをよく見る。
目を閉じて、それを細部まで思い起こす。できたら終了する。

イメージ療法の実践

イメージをよりリアルに感じ、また色の効果を高めるために、具体的なシーンを描いて気分転換を図ろう。

色をプラスしたイメージ療法の効果

人間に刻まれた色への反応

人間にとって色は生存するための重要な情報源である。

進化の過程において、色覚を持っていた哺乳類《ほにゅうるい》は、爬虫類《はちゅうるい》全盛期時代に夜行性となり、一旦、色覚を失っている。その後、一部の哺乳類が生存率を上げるために色覚を復活させたのだ。こうして私たちは色への反応を、生存率をかけて深く体に刻みつけてきたといえる。

そこでここでは、リラックスができるようなイメージに色を登場させ、効果を高める方法を紹介する。

イメージをよりリアルに感じるために、また刻み込まれた色への反応を呼び起こし効果を高めるためにも、イメージの中でゆっくり色を味わいたい。

ストーリーに沿ってシーンをイメージする

これから紹介するのは、色を味わうためのイメージだ。手順は次項から詳しく述べるが、ここではまず簡単に全体を説明しよう。

最初は**緑のイメージ**である。緑は植物の代名詞になる色なので、樹木のシーンをイメージすることは、色としての効果と木々が持つ癒《いや》しの効果を、一緒に味わ

3つのイメージ療法

樹木のシーン

静けさと安心感に浸りたいときや、疲労感やイライラを感じているとき。また都会から出られず、自然に触れることが少ないときなど、落ち着きと安心感に包まれたいときに、イメージするといい。

水の中のシーン

自由な気分や、蒸し暑い季節の中で爽快感を味わいたいときなどに。動きのあるイメージと青の爽やかさで気持ちをリフレッシュし、気分転換へつなげるためにも、イメージするといい。

ブラックボックス

悲しいこと、思い出したくないのに頭から離れないこと、不安、怒りなど、ネガティブな記憶を追い払い、スッキリしたいときに、イメージするといい。

うことができるだろう。体の深くまで、気持ちのよい緑の空気で満たされるイメージを味わいたい。

次は**爽やかな青**だ。青は深い内的世界を体験できる色である。しかしあまり深く入り込まないように、動的なイメージのイルカを登場させた。色の持つ爽快感が味わえ、気分転換につながるだろう。

最後に**ブラックボックス**という、一般的によく実施されている方法にも触れておこう。いろいろなパターンがあるが、今回は頑丈な金庫をイメージしてみる。

こうしたイメージを目を閉じてリアルに思い浮かべていく作業は、人によっては日頃、刺激しないような脳への働きかけをすることになる。そのため脳のトレーニングとしても活用できる。イメージすること自体が脳の活性化につながるといわれているのだ。

イメージ療法は、専門家の誘導が必要なものから、本章で紹介するようなセルフセラピーの形式で行なえるものまでさまざまだ。1人で行なうときは、イメージを終えたら体に意識を戻し、大きく深呼吸する。その後、手をグー、パーと開いたり握ったりして感覚を確かめ、目を開いて終了しよう。

緑の樹木の中で瞑想する

深い緑の森や林の中で木々の下を歩くと、気分がよくなる体験をしたことはないだろうか。

この気分のよさは単なる「気のせい」ではない。近年、木々が発生させるフィトンチッドという天然の揮《き》発性物質《はつせいぶっしつ》を浴びることで、人の気持ちがよくなることが解明されたのだ（157ページ）。

解明は新しいが、大昔から人間はその効果を実感していたはずだ。緑を鮮明にイメージできれば、体に刻まれた色への反応を呼び起こし、効果を上げる可能性も出てくるので、試したい。

では、実際に緑の森や樹木をイメージしてみよう。森や樹木などを鮮やかに思い描くには、美しい大木の写真やポストカードなどを用意して、それをよく見てからイメージするといいだろう。

1 リラックスして目を閉じる

体を締めつけるものを取り除き、椅子に深く腰かけるなどして、リラックスした状態を作り、軽く目を閉じる。照明は自由だが、温度は心地よい程度の暖かさが理想。

2 体の力を抜く

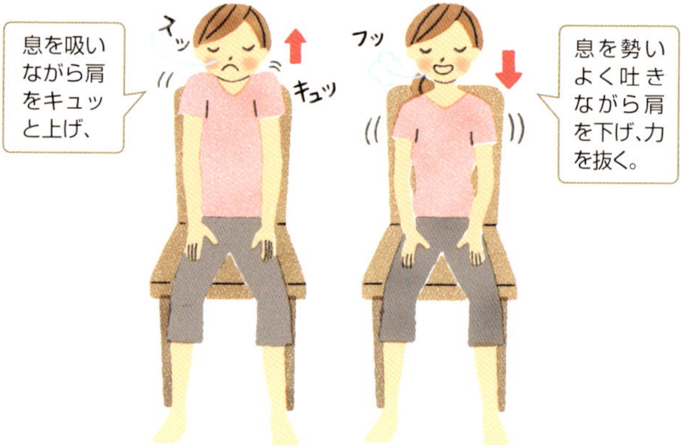
息を吸いながら肩をキュッと上げ、
スーッ
キュッ
フッ
息を勢いよく吐きながら肩を下げ、力を抜く。

呼吸法のはじめに行なった、肩の上げ下げを伴う呼吸を2、3回行ない、体の力を抜く。

3 腹式呼吸をする

スーッ
息を吸うときは鼻から。お腹は膨らむ。

フーッ
吐くときは鼻から出しても口から出してもどちらでもいい。お腹は引っ込む。

呼吸法の方法で、腹式呼吸による深い深呼吸を2、3回行なう。息を吸うときは3つ数えながら吸い、吐くときは6つ数えながら吐く。

ここから普通の呼吸でイメージを開始する。樹木や森林をイメージし、
次のような文章を心の中で唱えて進めていく。ストーリーは自由にアレンジしてみよう。

4 樹木や森林をイメージする

今、私は緑の森の中にいる。
たくさんの緑の木々。その色を感じている。
目の前すべてが、美しい緑の葉で生い茂る木々。どこまでも広がる緑。
見上げると葉の間からは木漏れ日が落ちている。ちらちらと光が見える。
それを体験している私がいる。
森林の空気はしっとり潤っている。緑の葉の香り、どこからか花の甘い香りも風に運ばれてくる。肌の上を風が通り過ぎる。
緑の葉、幹のデコボコとした感触に触れている私がいる。小鳥もさえずっている。

私は今、木の下に座っている。そして深く呼吸をしている。
息を吸うたびに新鮮な空気が私の胸に広がってくる。
体に心地よい風を感じている。鼻から息を吸い、また息を吐くたびに、全身に緑の空気が満ちていく。
木々がやさしく私を見守っていることを感じている。
私は今、この緑の中にいる。

イメージを終了するときは、現実の体に意識を向けて戻し、大きく深呼吸する。
脚の上にある手を開いたり握ったり動かして感覚を確認し、目を開く。

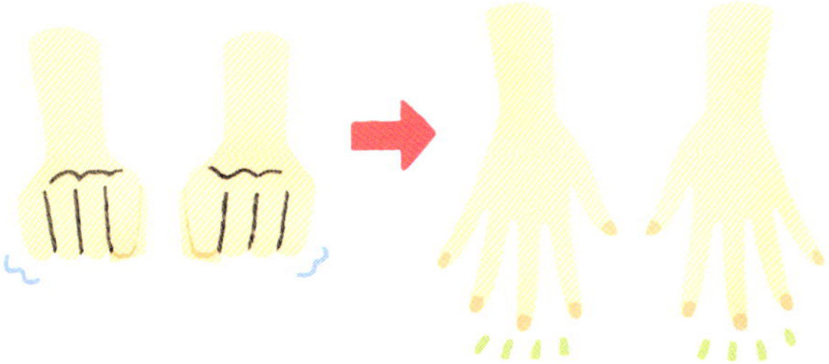

水の中をイルカと泳ぐ

青の体験は、水の中でイルカと泳ぐイメージを作ることで行なう。

水に浮かぶことは人に深い安心感を与えるといわれ、最近では、日本でもタラソテラピーの効果に関心が集まっている。これは海水などを用いた自然療法で、海水に浮かぶ方法の他にもさまざまな施術があり、リハビリテーションやリラクゼーション、免疫力のアップなど、多くの効果が認められている。フランスでは保険の対象にもなる治療方法だ。

人間は見たものから質感や状態を読み取り、感覚として理解する能力があるようだ。実際にイルカに触れたことがなくても、イメージする力が強い人は想像することができるだろう。プールや海に入った記憶、そうした映像、またイルカの映像を見た記憶があればよりいい。

もし、イルカの映像記憶がない場合は、水中を気持ちよく泳ぐイメージだけでもいいだろう。

このシーンはリアルというよりは、夢のような感覚を持って、イメージの世界を遊んでみよう。

1 樹木のシーンの①～③を行なう。

まず、リラックスした状態で目を閉じ、呼吸法のはじめに行なう、肩の上げ下げを伴う呼吸を2、3回行ない、体の力を抜く。

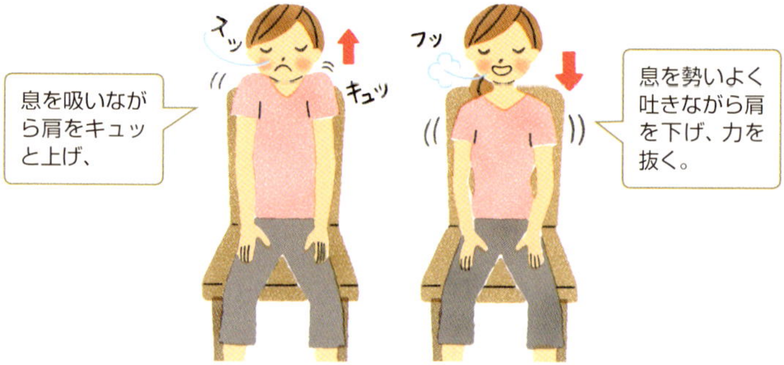

息を吸いながら肩をキュッと上げ、
スッ
キュッ
フッ
息を勢いよく吐きながら肩を下げ、力を抜く。

スーッ
息を吸うときは鼻から。お腹は膨らむ。
吐くときは鼻から出しても口から出してもどちらでもいい。お腹は引っ込む。
フーッ

呼吸法の方法で深い深呼吸を2、3回行なう。呼吸は腹式呼吸で。息を吸うときは3つ数えながら鼻から吸う。吐くときは6つ数えながら吐く。鼻から吐いても口から吐いてもどちらでもいい。

2 青い海とイルカをイメージする

心の中で次のような感じでイメージしてみよう。ストーリーは自由にアレンジしてもいい。

私は青い海の中にいる。
目の前は青の濃淡が広がる海の世界。
たくさんの美しい色をした魚の群れが泳いでいる。
向こうに、イルカの背びれにつかまって海の中を自由自在に泳いでいる私自身が見える。
それを遠くから眺めている。

今、私はイルカの背びれにつかまっている手元へ、気持ちを向けている。
イルカの肉厚な背びれにつかまり、私は水の中を勢いよく進んでいる。
イルカにつかまって泳ぐ速度はとても速い。素晴らしいスピードだ。
青い水の濃淡が顔面に広がり、次々と体をすり抜けていく。
海水や小さな泡を顔で感じている。
その爽快感を全身で感じている。
イルカと一体になり、私は青い水に清められていく。
素晴らしい気持ちだ。

イメージを開始するとき、閉じた両目の眉《み》間《けん》の奥に意識を集中させ、青い水の心地よさを感じてみよう。進む速度は、この眉間で感じるような感覚を作るといいだろう。

おとぎ話のような自由なイメージで、青い水の中をくぐり抜けていく爽快感を思い浮かべてみよう。

終了するときは前項の樹木のシーンと同じように、現実の体に意識を向け、手を開いたり握ったり動かして感覚を確認し、目を開こう。

ブラックボックス

イメージを使って気持ちの切り替えをはかる方法の1つに、「**ブラックボックス**」という方法がある。思い出したくないのに思い出される嫌な記憶や、コントロールできない不安など、時としてこの方法で功を奏すことがある。

ある女性は、自分の心の中にある夫との過去のわだかまりをどうしても消せないと語っていたが、カウンセリングで「ブラックボックス」を行なった後は、気持ちがスッと軽くなるのを感じたと感想を述べていた。

ちょっと気分が軽くなるだけで、前向きになろうという気持ちの切り替えに役立つことがある。ここでもイメージを十分味わうことが大切なポイントだ。

1 体の力を抜く

椅子に深く腰かけ、背もたれに寄りかかる。
呼吸法のはじめに行なう、肩の上げ下げを伴う呼吸を2、3回行ない、深く深呼吸をする。リラックスして目を閉じる。

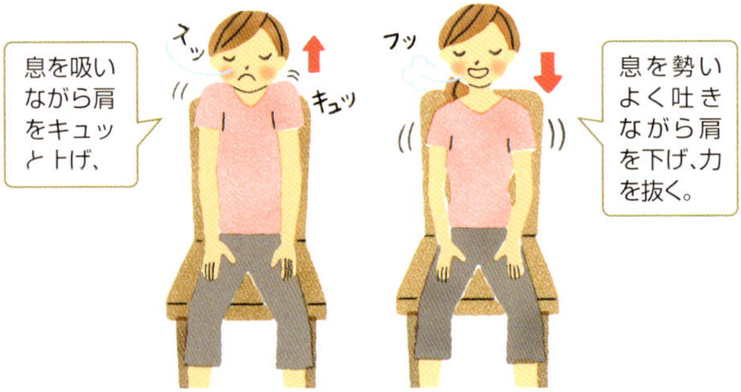
息を吸いながら肩をキュッと上げ、
スーッ
キュッ
フッ
息を勢いよく吐きながら肩を下げ、力を抜く。

2 嫌な気持ちを感じる

今、心を占めている嫌な記憶や気持ちを感じる。

ちょうどその感じが、胸の奥に「ある」ようなイメージ。

3 心の中の手でつかむ

「ある」と感じている気持ちを、心の中の手でつかんでみる。両手でも片手でも構わない。
「しっかりとつかんだ」と自分にいう。

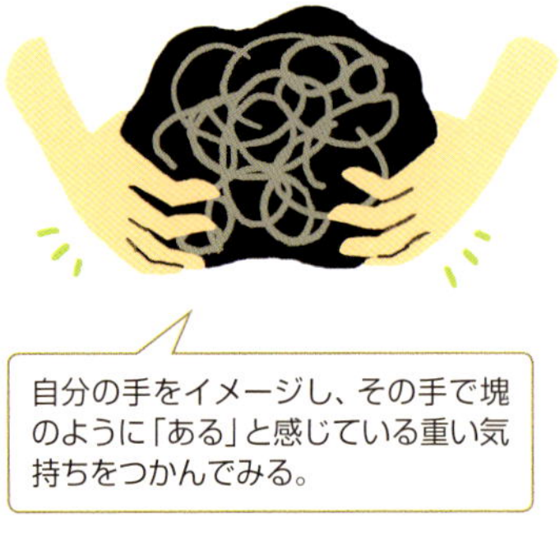
自分の手をイメージし、その手で塊のように「ある」と感じている重い気持ちをつかんでみる。

4 袋に入れて閉じる

つかんだその気持ちの塊を、真っ黒な袋をイメージして、その中に入れてしまう。ここでしっかり閉じることをよくイメージする。
「『あれ』をつかみ、しっかり口を閉じてしまった」と心の中で確認する。

袋の口をヒモで何重も巻いて、しっかり閉じていく。

5 黒い袋を黒い箱に入れる

真っ黒い金庫のような箱をイメージする。
あの真っ黒で口を固く閉じた袋を、この分厚く頑丈な箱の中に入れる。そして扉（蓋）を閉じて鍵をかける。
袋が、このブラックボックスの中に入ってしまったことを、しっかりイメージする。
「もうこの中に入れてしまった」

分厚い鋼鉄のような材質で作られており、その扉（蓋）も分厚くて頑丈な鋼鉄製だ。金庫には鍵がついている。

6 箱を海に捨てる

この黒い箱を、青い海に捨ててしまう。堤防などがある場所で、あるいは高い岸壁の上で。ブラックボックスを手に持てるなら持って、重すぎて持てないならクレーンで持ち上げてもいい。場所と方法をイメージする。

青くて深い海を覗き込んで確かめる。そこは深い、深い海だ。青くて深い海をしっかり確認しよう。
そして箱を捨てる。
「今、箱を海に捨てたのだ」

ブラックボックスはすぐに沈んでいく。
青く深い海の底にどんどん沈んでいく。
どんどん、どんどん……さあ、もう見えなくなった。
「箱はどんどん沈んでいった。もうここにはない」

7 「あれ」がないことを感じる

「あれ」はもう自分の中にはない。
真っ黒な袋に入れ、真っ黒で分厚い頑丈な箱に入れて海の底へ沈めてしまった。
もう大丈夫なのだ。ここにはない。ないことをしっかり感じよう。
「そうだ、もうここにはない。ここにはないのだ」

最後にゆっくり
深呼吸をして、終了する。

ブラックボックスは、海ではなく、土の中に深く埋めてもいい。宇宙のブラックホールに投げ込んでもいいだろう。ここから離れて、どこか遠く捨ててしまったことを実感しよう。また、ブラックボックスはいくつ作って捨ててもいい。

黒い箱の色は堅牢《けんろう》で重みがあり、決して逃がさない強さがある。青い海の色は、遠く離れたどこかのイメージをより引き立ててくれる。よく思い描き、捨てたことをはっきり意識しよう。

第4章

色のイメージと使い方

色のイメージは文化、宗教などの影響を受けて形作られてきた。1つ1つの色にはさまざまな歴史があり、文化や伝統として受け継がれた意味や使い方がある。そのため、国や地域によって色のイメージは異なることがある。

本章では、各色にどのようなイメージがあるのか、それがどのように形成されたのか、地域によってどのような違いがあるのかを簡単に見ていく。また、リラックスやリフレッシュという視点から、日常生活での各色の使い方のヒントも紹介しておく。

各色の一般的なイメージや歴史を知っておくことは、私たちが色を使うときに非常に役に立つだろう。

※本章に登場する色名に対して提示した色は、C(シアン)、M(マゼンタ)、Y(イエロー)、K(ブラック)の4色の印刷用インキの掛け合わせによって表したもので、その色の特徴をつかむための一例です。参考としてご覧になってください。

色は複数のイメージを持つ

「色のイメージ」を一般社会で流通している記号的性質、「色の象徴性」を心理的分析などで使う象徴的意味合いとして、本章では色の一般的イメージを紹介する。

色のイメージと象徴性

色のイメージといっても、「**一般的な色のイメージ**」と、投影法《とうえいほう》などで読み解く「**色の象徴性**」がある。両者は似ているが完全に一致していない。

一般的なイメージがそのまま心理的分析に使えないのは、時代によってイメージに流行があることや、国によって異なるイメージなどがあるせいだ。

分析で扱う色の象徴性は抽象的だが、原始の時代に人類が体験した色の原初的体験が大きく影響しているといえる。特に赤、白、黒は、その体験が生死に深く関わったせいか、一般社会のイメージでも、かなり共通している。しかし他の色となると、そうはいかない。

こうした両者の色の在り方について、実際には十分に研究されておらず、はっきり言い分けることは難しい。そこでこの章では、一般的に連想される色のイメージを中心に説明していく。

色のイメージを形成する３つの背景

色のイメージは、落ち着く、かわいい、冷たい、重いなど、さまざまな感情や感覚を伴っている。こうしたイメージの由来には、３つの背景を考えることができる。１つ目は、**人間が進化とともに体験して得た色の情報**。２つ目は、それらがベースとなり、**各地域、文化で記号化されてきた色のイメージ**。３つ目は、**各個人による色の体験**である。つまり「一般的な色のイメージ」といっても、すべての人に共通するものはないといえる。

したがって、色彩が人に与える影響やイメージを考えるとき、自然の中の色、文化・宗教に関わる色の歴史を知ることには、重要な意味がある。

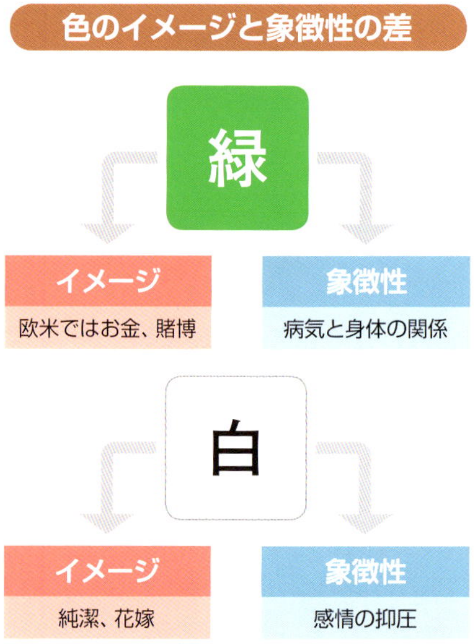
色のイメージと象徴性の差
緑
イメージ
欧米ではお金、賭博
象徴性
病気と身体の関係
白
イメージ
純潔、花嫁
象徴性
感情の抑圧

色のイメージを作るもの

①人間が進化する過程で得た色の情報
赤い実→食べることができる
青い実→まだ食べることができない
②国や地域によって形成されたもの
自然の身近な色
緑
翻弄する運命の色
日本人
西洋人
③個人の体験によって生じたもの
暖かい色
橙
死んだ祖父を思い出す悲しい色

色を使うことの原型は呪術

もともと古代の人々にとって、色は**呪《じゅ》術《じゅつ》**だった。

たとえばフランスのラスコーやスペインのアルタミラの洞窟《どうくつ》壁画は、狩猟の成功を祈るためのものといわれている。他にも、トウモロコシの豊作を祈って大地の黄色を体にぬる古代南米の民族、魔物に入り込まれて病気にならないよう目の縁に色をぬるエジプトの人々、成熟期を迎え多産を祈って刺青《いれずみ》をするアフリカの部族など。色はこうした呪術の完成に必要な道具だったのだ。

そして文化が発達し、宗教が体系化する中で、古代から信じられてきた色の使い方も、それぞれの地域で新たに規定されていくのである。

スペイン北部にあるアルタミラ洞窟壁画。約2万年前から1万数千年前の旧石器時代に描かれたとされる。写真にある野牛のほか、イノシシ、ウマなどの動物が、木炭や黄土、マンガン酸化物などを獣脂などで溶いたもので彩られ、生き生きとしたようすで描かれている。

文化や宗教が与える影響

欧米では特に**キリスト教**の世界観を抜きにして色は語れない。初期の宗教の多くは、その地域でどのように共同生活をするかに大きく関与しており、色は集団のルールや関係性の中で使われてきた。キリスト教圏ではそのルールが強いのだ。

たとえば色の混色に対する否定は、その最たるもので、1つの染料で美しい色を出せなかった緑や紫は、一時期、負のイメージを背負わされている。

また、**宗教による自然観の違い**も、色のイメージが確立されていく経緯に反映し、大きな影響を及ぼしている。

色の原初的な体験が、どのような感覚につながり、その後、各文化の中でどのように変化してきたのかを踏まえてみると、色のイメージに生じた違いを垣間見ることができるのだ。

宗教の影響を受けた色のイメージ

黄	明るい輝き	目立つ	異端者の色 差別の色
紫	単色染めは貴重な色	赤と青を混ぜて紫を作る	混色は神への不実

1つの色に異なるイメージがある

色のイメージが複雑なのは、常に**相反するイメージ**があるからだ。

たとえば黒のイメージは、原始の時代における闇の体験から生じる。これを「恐ろしいもの」ととらえるか、恐ろしさを強さに変換して、「頼りになるもの」ととらえるかでは、ベースが同じでもまったく異なる方向へ発展していくのだ。

前者の「恐ろしい」イメージは、恐怖や悪魔などのイメージへ、後者の「頼りになるもの」は、その圧倒的強さの恩恵にあやかりたい気持ちが、教義に固く帰依《きえ》する聖職者の衣の色や、強さによって上下関係の優位性を示し、上流社会の色として発展していくことにもつながっていく。

イメージの形成には時間差があるはずだが、現代の私たちにとってみると、1つの色に相反するような2つのイメージが同時に混在しているように感じられるのだ。15世紀前半、ヨーロッパの紋章《もんしょう》官《かん》シシル（シルルは通称、本名はJ.クルトワ）も、その著書『色彩の紋章』で、1つの色に相反するイメージを載せ語っているので、かなり昔からこうしたことは起きていたのだろう。

イメージが複数あるもう1つの理由

さらに、私たち人間は色を言語でとらえているため、どのような色を指しているのか、本当のところは不明なのだ。

たとえば文献で「緑」と記されていても、それが青を指していたり、あるいは濁った灰色みの緑を指していたり、または鮮やかな黄緑を指していたりと、実際にはかなり異なっている。そのうえ、それが織物なのか、顔料なのかでも違う。

しかも民族や時代によって、どの色も命名される色の領域自体がずれている。虹色に連続した電磁波《でんじは》の、どこまでが黄色でどこからが黄緑か。その境を考えれば、命名自体、難しいことがわかるだろう。こうして1つの色に、いくつものイメージが混在することになるのである。

色が持つ二面性のイメージを理解できると、色はかなり使いやすくなり、ビジネスにもプライベートにも役立つといえよう。

一般的な色が持つイメージの二面性

各色の上段がポジティブな、下段がネガティブなイメージ。

赤	愛情、歓喜、明るい
	嫉妬《しっと》、怒り、怖い
ピンク	やさしい、健康的な
	意地悪な、いやらしい
黄	明朗、幸福、躍動《やくどう》
	幼稚《ようち》、臆病《おくびょう》、嫉妬《しっと》、騒々しい
青	知的、誠実、信頼、爽やか
	冷たい、孤独、憂鬱《ゆううつ》
白	清潔、神聖、純粋
	緊張、無、空虚《くうきょ》、霊
黒	強さ、高級感、おしゃれ
	恐怖、不吉、威圧的《いあつてき》、邪悪《じゃあく》

赤 red

赤はエネルギーを象徴する、有彩色の中で最も重要な色である。古代から世界中で最強の呪術色として使われてきた。

赤の基本的な情報

赤の天然顔料・染料

主な染料は紅《べに》、臙脂《えんじ》、顔料は朱《しゅ》。

紅花《べにばな》から抽出する紅は最も古い染料の1つ。高価なうえ褪色《たいしょく》が激しく、濃く染めるには金銭的にも技術的にも大変だった。紅だけで染めた色は「本紅《ほんべに》」、茜《あかね》や蘇芳《すおう》で染めた色を「似紅《にせべに》」として区別した時代もある。

臙脂は、ラックやコチニールなどのカイガラムシから作られる染料。ラックはインド、ビルマなどの熱帯性植物に寄生する虫、コチニールはメキシコなどのサボテンの一種につく虫。日本の臙脂はラックから採取された赤で、南蛮貿易によりコチニールも輸入された。

朱は、硫化水銀《りゅうかすいぎん》の原鉱である辰砂《しんしゃ》から採れる顔料。朱の色みは、紅よりも黄みが強い鮮やかな赤。日本でも良質な辰砂が産出され、弥生時代から使用されている。

紅花／本物の紅から作られる口紅は現在でも非常に高価。

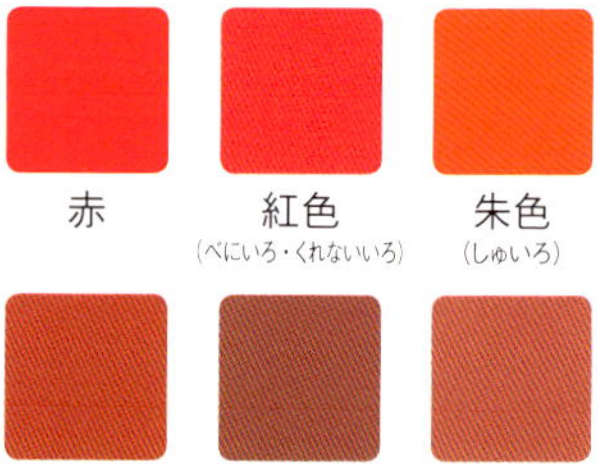

赤の一般的なイメージ

熱い、強い、危険、けばけばしい、闘争、怖い、派手な、情熱的な、明るい、活動的な、興奮、愛、怒り、嫉妬《しっと》、歓喜、緊張、エネルギー、血、太陽、炎

時代、民族を問わずエネルギーを象徴

愛情、**興奮**、**怒り**。赤のイメージはポジティブにもネガティブにも**エネルギー**である。それは赤い**血液**、**太陽**、**炎**などによって、生命に直結する体験が直接、与えられてきたからだ。

赤はどの時代、どの民族にとっても、力やエネルギーにまつわる普遍的な象徴性を持ち、白、黒と並んで、人間にとって最も重要な色となっている。

特に哺《ほ》乳《にゅう》類《るい》などの血液が赤であることは重要だったろう。出産のときの血は生命の誕生を意味し、ケガなどから流れ出た血は死を意味する。どれも自己や他者の命に関わる何かが起きている証拠だ。古代の人々が、生き物の命は赤によって司られていると考えたとしてもおかしくない。

赤は、印象を与えるだけではない。血の色を見たら即座に逃げる、戦うなど、的確な判断が必要だ。それに伴い瞬時に行動を起こすため、無意識に体も反応しなければならない。現在、私たちの体は赤に対して、筋肉が収縮する、血圧が上がる、脈拍が速まるという反応が起きる。無意識に起きるこの反応は、進化の中で、赤の体験が関わり積み重なってきた結果とも考えられる。

血液以外でも、各文化で信仰の対象となる、生きる上で重要な太陽や炎の色であり、すべての宗教で赤に特別な意味が与えられているのも、赤にまつわるこうした理由によるものなのだ。

赤は太陽や炎、血液の色。どれも古代から人間にとって生きる上で重要なものの色だ。

赤の語源は血？

サンスクリット語の「ルヅラ（rudh-ra）」は「血」を意味する。この頭文字の「R」が、ヨーロッパ11カ国の「赤」を表す単語につながり、「血」に語源を求められるともいわれる。

サンスクリット語「ルヅラ（rudh-ra）」

↓

英語のred　オランダ語のrood
ドイツ語のrot　ラテン語のruber
フランス語のrouge　イタリア語のrossoなど

赤の熟語とその意味

〔英語〕
red hair　裏切り者
see red　殺気立つ

〔ドイツ語〕
rot sehen　腹を立てる（怒り）

治療や魔よけに使われる最強の呪術色

「赤が命を司るならば、赤によってパワーを得られる」という発想は、古今東西変わらない。血のパワーは赤のパワーとなり、赤が**治療**や**魔よけ**に使われていく。

たとえば、古代ローマでは指導者が悪魔から身を守るために赤い服を着用し、戦いに勝った戦士が体に赤をぬったという。インカ帝国でも守護色として、ミイラを赤い布で巻いていた。

今もアジアの国では厄よけとして戸口に赤い紙や塗料を使い、アフリカのある部族は祭儀のときに体を赤くぬっている。

このように、人類のあらゆる時代と地域で、多くの赤の呪術的《じゅじゅつてき》な使い方を見ることができる。

また、実際に赤の顔料や染料には漢方としての効果がある。ローマの戦士たちがぬった硫化水銀《りゅうかすいぎん》の**辰砂**《しんしゃ》は火傷《やけど》や皮膚の化膿《かのう》に効果があり、マーキュロ・クロム（赤チン）になった。水銀は防腐剤になるため、ミイラを赤い布で巻いたのも理にかなった使い方だ。染料の**紅花**《べにはな》や**茜**《あかね》は、婦人病系などに漢方薬としての効果が認められている。

こうして名実ともに赤は最強の呪術色となるのだ。

赤の顔料・染料の薬効

辰砂

水銀を含む硫化鉱物。日本では古くから産出され、「朱」の顔料として用いられてきた。

消炎・鎮静《ちんせい》効果があるとされ、不眠やめまいなどにも用いられる。

紅花

原産地はエジプトといわれ、4～5世紀に日本に伝わったとされている。現在は最《も》上川《がみがわ》流域での栽培が盛ん。

血液の流れを改善するとして、腹痛や月経不順、打撲などに用いられる。

染料となる乾燥した根

茜

藍とともに古くから染料に使われていた。根が乾燥すると赤くなることから、「アカネ」と名づけられた。

漢方で茜の根は「茜草根《せんそうこん》」と呼ばれ、月経不順や利尿、止血、解熱などに用いられる。

嚴島神社の大鳥居と廻廊／高さ約16m大鳥居、寝殿造り様式の社殿、社殿を結ぶ廻廊などの柱は鮮やかな朱塗り。潮が満ちると社殿や大鳥居は海に浮かんで見え、青い海と緑の山、朱塗りの赤で構成された幻想的な風景が現れる。

日本の魔よけの赤、朱と紅の使われ方

日本神話では太陽の神である天照大《あまてらすおお》神《みかみ》を最高神とするように、**太陽の赤**は日本人の心を支える心象風景として深く関わっている。

日本では、古くから良質な辰砂が採取でき、呪術に用いられた。『魏志倭人伝《ぎしわじんでん》』には、**朱**で男子が入墨《いれずみ》をし、海人もサメや魔物を避けるために入墨をして漁を行なったと記されており、サメ避《よ》けとして赤い褌《ふんどし》を身につける習慣は長く日本の文化にあった。祭りのとき、子どもの額につける赤い印、神社の鳥居の赤、祝いのときの赤飯の小豆《あずき》など、たくさんの魔よけや病気よけの伝統が現在も残っている。

また、世界的に赤の呪術は化粧の始まりといわれるが、日本でも飛鳥、奈良時代に**紅**《べに》の染料が輸入され、化粧で紅が使用された。紅を「クレナイ」と読むのは、3世紀の中国の王朝、呉《くれ》から来た藍《あい》（当時、藍は染料の総称であった）ということで「呉藍《くれあい》」によるといわれる。

非常に高価な染料で、鮮やかに染めるには手間がかかるため、一般の使用が禁じられる禁色《きんじき》となった。貴族の誰もが欲したといわれ、特に平安時代には「**今様**《いまよう》**色**《いろ》」と呼ばれる赤が大流行している。

紅染めは色を鮮やかに染め上げるため、一度、黄の染料である梔子《くちなし》で染めた歴史がある。黄みがかった赤の色を今でも日本的に感じるのは、その影響かもしれない。

今様色（いまよういろ）
赤の色みの強さについては、諸説ある。今様とは当世風という意味。

日本語の「赤」という言葉の意味

日本の色名は、太陽の明るさを意味する「明、顕、漠、暗」という言葉が転じて「**明し→赤**」「**顕し《しろ》→白**」「**漠**（うす暗くぼんやりとしたようす）**→青**」「**暗し→黒**」と、明るさや色みを表す言葉になったといわれる。ただ、この説で反論がないのは「明し」の赤だけで、他の色に関しては疑問視する声がある。また赤と呼ばれる範囲が日本では広く、暖色系の橙や時には黄まで赤と呼ばれることもあった。

漢字の「赤」は、「大」と「火」の組み合わせだ。東洋ではよく日と火が同一視され、赤の漢字は太陽と炎の両方を表すといわれている。明るくなって明快になることから「**明らかな**」や「**まったくの**」という意味が生じ、「赤貧《せきひん》」「赤裸々《せきらら》」「真っ赤な嘘」など、また偽りがまったくない心という意味の「赤心《あかごころ》」など、赤を使った言葉も多い。

他にも赤の鮮やかさが「**美しい**」の同義語となり、童謡や子守唄などの歌詞に登場する「赤いべべ」のような赤の使い方は、色というより、「綺麗《きれい》な」着物の意味だともいわれている。

赤は白と黒と並ぶ重要な色

赤は、光の白と闇の黒といった「環境の色」に近いが、太陽の赤は、闇を追い払うときと再び沈むときにだけ赤く見える、一時的な現象の色である。さらに人間に流れる血の色としての意味もある。それは神と人の交信を助ける色、つまり生贄《いけにえ》の血の色にもつながる。

こうした太陽のような自然の力を持つ象徴の色であると同時に、人間の中の色という2つの世界を持つためか、歴史の中では正の白と負の黒のどちらの代わりとしても赤は象徴的に変化して登場する。

「明し」の「赤」

「あ」と「か」のかなが持つ意味では、どちらも鮮やか、明るい。

「顕し」の「白」

明るくなる「しら」、はっきりする「著」が語源という説も。

「暗し」の「黒」

太陽が沈み、辺りが暗くなった状態から「暗」「闇」。

多くの古代文化において、赤は白とともに、その反対語を黒とする。しかし時に赤は白と対になり、またスタンダールの小説『赤と黒』のように黒が対になることもある。生と死、男と女、正と負など、文化にとって常に重要な二極化の中で、赤はどちらにも揺れながら、特別な色として君臨するのだ。

日本では、運動会の赤白のチーム分け、大晦日《おおみそか》の紅白歌合戦など、競《せ》り合いの際には紅白が対になる。この起源は、源平《げんぺい》の合戦《かっせん》にあるといわれる。京で貴族的な生活をする派手好みの平家《へいけ》は赤の華やかさを愛して軍旗とし、関東の土着的な武士だった源氏《げんじ》は本来の軍旗の色である簡素な白を軍旗としたのだ。

日常生活での赤の使い方

感情を放出できる色

赤は強い感情を表現できる色だ。感情をあまり表に出さない人は、赤い服を好まない傾向がある。一方で時にそうした人は、根底に大きな感情のエネルギーを持っていることもあり、それを常に抑制しているとしたらストレスになる。

そこで、普段怒らない人が、もし怒りを感じるような出来事に出会ったら、思いきり、赤い絵の具などで色をぬることをお勧めする。筆や指で画用紙などに赤を十分にぬり込んで、気持ちを発散させよう。その後、もし抑制が必要ならば、赤の上に黒など暗い色をぬれば、やや強制的だが抑制になる。こうした発散と抑制のバランスで、気持ちを少し落ち着かせることができるはずだ。

大事な場面でのお守りに

心理的効果を期待して使うなら、自己を鼓舞《こぶ》する色として、または競《せ》り合いの際に相手への圧力として赤は効果的といわれる。ここぞというときに赤のネクタイをする政治家や、試合などで赤を身につけるスポーツ選手が多いのもこのためだ。

人間の脳はまず体の反応をキャッチし、あとから感情が湧くともいう。赤で適度な体の緊張を促し、会議や試合に向けての気持ちの準備ができるはずだ。

赤は気持ちを鼓舞する意味でお守りになってくれる色。

ピンク pink

濃い色の価値が高かった時代に薄い色であるピンクは軽んじられたが、現在は健康と幸福に結びついた愛される色だ。

ピンクの基本的な情報

色名について

平安時代に熱狂的に愛された紅色《べにいろ》は、禁色《きんじき》の制度によって一般的な使用が認められず、紅色を着たいと願う人々の思いから淡い色が登場。紅花一斤《べにばないっこん》（一握り程度）で絹二反《たん》を染めることから色名がついた「一斤染《いっこんぞめ》」、「桃色（粗染《あらぞめ》）」は身分が低い者の色だった。

この色を総称する日本語はない。一般的には日本語でも「ピンク」。オレンジ系に「サーモンピンク」や「東雲《しののめ》色」がある。

一斤染（いっこんぞめ）　桃色　ピンク

鴇色（ときいろ）　東雲色（しののめいろ）　サーモンピンク

ピンクの一般的なイメージ

かわいい、やさしい、女らしい、甘い、若い、幸せ、ロマンチックな、優美な、健康的な、色っぽい、わがままな、子どもっぽい、意地悪な、いやらしい、サクラ、モモ

ピンクに見出される薄紅の美

ピンクは赤の高明度色だ。刺激が少なく、か弱い印象を与えるが、暖色で**温もり**を感じさせ、幼い子どもの肌にも似て、**かわいらしさ**や**健康**を連想させる。また多くの人が、花の甘い香りにピンクをイメージする。この甘さが**幸福感**にもつながるようだ。

しかし古代の色は呪術的《じゅじゅつてき》に使用され、濃い色が効果的とし、薄い色の価値は低かった。日本でも『万葉集』で淡い紅色は思いの浅さや心変わりを表している。

ただし平安後期には淡色の美が発見され、好まれた。『源氏物語』では光源氏が赤い衣の上に白い衣を重ね、下の赤がピンクに透けて見えるという出《い》で立ちで花宴に登場する。この時代の男性が実際にしたかは不明だが、現代に通じるピンクの演出効果だろう。

「バラ色」は幸福感、愛の喜びを表す色

「ピンク」の語源は撫子《なでしこ》科《か》の花の色で、赤の淡い色だが、濃い色や赤紫系、薔薇《ばら》色もピンクとされ、色の範囲は広い。「バラ色の人生」といえば、喜びや愛に満ちた最高の人生を意味する。画家ピカソの悲しみの「青の時代」は有名だが（163ページ）、その後、彼は恋に落ち、「バラの時代」に突入する。天才芸術家の感性でも、愛の喜びはバラ色で表現されたのだ。

河原撫子
撫子色

バラ
薔薇色《ばらいろ》
桜色
躑躅色《つつじいろ》
紅梅色

日本では、ピンクにエロティックなイメージがある。1960年代に「ピンクサロン」や「ピンク映画」という言葉が誕生した。その理由は不明だが、甘く女性の色というイメージや、舌など人間の体の内側の色と結びついたのかもしれない。現在は乳がん撲滅《ぼくめつ》運動の「ピンクリボン」の色であり、変化しつつあるといえる。

一方で、若い女性が好きなベスト5に必ず入る色だ。カワイイが文化となる日本でピンクは少女たちの表現に必須の色である。上手に使えば愛される色で、上品にも下品にも変化する色なのだ。

日常生活でのピンクの使い方

気分よく目覚めるために

一般的なイメージとして、ピンクは人に健康や喜びを感じさせるといわれる。こうしたイメージが信じられる人は、そのイメージを使って目覚めを快適にする方法を試してみよう。

朝、布団の中で目覚めたら、そのまま、空の朝焼けに輝いた柔らかいピンクをイメージする。そのピンクがきらきらと降りてきて、色に包まれ、新鮮なエネルギーをチャージする、そんなイメージを試してみよう。ピンクの好きな人には気分よく起きられるはずだ。

目覚めたときにピンクに包まれているようすをイメージ。

橙 orange

色名に果実の名前がついた橙は赤と黄の間の色で、色名が命名されたのは他の色と比べると遅い。暖かく親しみやすい色である。

橙の基本的な情報

色名について

最も有名なのは、禁色《きんじき》で皇太子の礼服である「黄丹《おうに》」。紅花《べにばな》と梔子《くちなし》で染めた色で、西洋では「ミカド」という呼び名もある。「柿色《かきいろ》」が「チャイニーズレッド」と呼ばれるなど、西洋では橙《だいだい》系に東洋を感じているのかもしれない。

「朱色」は「黄赤」で「レディッシュオレンジ」、「橙」は「さえた黄赤」で「オレンジ」と呼ばれるなど、日本人の感覚では赤と橙の境は微妙。「肌色」も橙色の仲間。

黄丹
（おうに）

柿色
（かきいろ）

橙色
（だいだいいろ）

朱色

肌色

杏色
（あんずいろ）

橙の一般的なイメージ

暖かい、明るい、元気、健康的、かわいい、楽しい、親しみやすい、安っぽい、低俗な、オレンジ、果物、ビタミン、ニンジン

暖かい色、親しみやすい色

私たちは、夕日が空を「赤く染める」と表現するが、実際に色相《しきそう》で区別するなら、あの空の色は、黄みの赤、または橙《だいだい》、オレンジという表現もできる。

この色は古代は区別されておらず、赤の一種であっただろう。特に炎は光を放つ明るい赤の一種で、赤の体験でありながら橙の最たる体験でもある。このため橙と**暖かさ**との結びつきは強く、近年の調査では、色の中で最も暖かいと感じられる色が橙という結果も出ている。

赤よりも強さが薄れ、暖かみを感じさせる点で**親しみやすさ**につながり、また高貴な色となってきた赤より薄く感じられる点で、その親しみやすさが**安っぽさ**につながることもあるようだ。よくいえば**カジュアル**とも表現できる。

黄みが強くなると黄の一種、暗くなると茶の一種になり、派手にも地味にも感じられる。

色名は果実の色

色名は、果実の色から命名されている。「**オレンジ**」という英名が登場するのは1512年といわれる。日本では「**柑子色**《こうじいろ》」が橙の先駆けで、『源氏物語』にも登場する。喪や出家のとき、赤よりも抑えた色として高位な人物が着用する色だった。代表的な色として、日本では皇太子の礼服の色である禁色《きんじき》の「**黄丹**《おうに》」がある。華やかで明るい分、赤よりも若々しい印象になるかもしれない。

赤の代表的顔料、硫化水銀《りゅうかすいぎん》の朱《しゅ》が薄ければ橙とも感じられ、日本での赤と橙の境目は曖昧《あいまい》で、黄みの赤は昔から日本人に好まれたといわれている。

ヨーロッパではオレンジの色のイメージが何かによって悪いということはないのだが、茶色が好まれないせいか、不人気な色ともいわれる。

柑子色（こうじいろ）
柑子はミカン科の樹木で、その果実のような色を指す。

皇太子が着用する黄丹の袍《ほう》／黄丹は古来より皇太子の礼服の色と制定され、1993年に皇太子が結婚の儀で着用された袍の色も黄丹である。

日常生活での橙の使い方

イメージ療法で橙を利用する

明るく元気なイメージの橙は、最も暖かさを感じさせる色でもある。集中力を高める訓練ではよく色が使われるが、イメージ療法でも橙は体感しやすいので利用できる。

まず、携帯カイロでお腹を温め、その位置と温かさに気持ちを集中させる。感じているその状態をよく覚えて味わっておこう。次にカイロをはずして、残っている温かさに、オレンジ色が集まっているようにイメージしてみる。そして再度、温もりに集中する。

こうした体験を何度も繰り返すことで、イメージだけで温かさを感じられるようになるのだ。手足が冷える人は、同様に手先、足先で試してみるといいだろう。

カイロなしで温かさを感じられるようになると効果的。

茶色 brown

茶色は緑と同様に身近にある自然の色だ。日本では茶色に古くから美しさを見出し、江戸時代には多くの茶色が生まれた。

茶色の基本的な情報

赤茶（あかちゃ）　茶　黄茶（きちゃ）

路考茶（ろこうちゃ）　芝翫茶（しかんちゃ）　団十郎茶（だんじゅうろうちゃ）

色名について

茶色は植物の樹皮や葉、実などに含まれる成分タンニンで染めることが多いが、バリエーションに富む。

色名には、茶色に古代から美しさを感じてきた日本と、長い間意識しなかった西洋の違いが現れる。同じ胡桃《くるみ》を指す色でも、西洋では実の外皮の色を「ウォルナット」、日本では樹皮などで染めた色を「胡桃色」と呼ぶ。日本では茶色を求めて作った。

「路考茶《ろこうちゃ》」「芝翫茶《しかんちゃ》」「団十郎茶」など、江戸時代に歌舞伎《かぶき》役者が舞台で身に着けた茶色は「役者色」として大流行した。

「brown」は、古英語の「brun」に由来する焦げた色のことといわれ、10世紀前後から使われている古い色名。その他の西洋の茶色は、木の実、動物の皮など、その物の名前が一般的。

珍しく人の名前が冠されたのは17世紀のベルギーの画家が使った茶色で人気を呼んだ「ヴァンダイクブラウン」。

茶色の一般的なイメージ

自然な、落ち着いた、堅実な、古い、安心する、堅い、地味な、保守的な、田舎くさい、マイルドな、陰気な、汚い、渋い、おとなしい、平凡な、土、根っこ、焦げたもの

身近にあり安心感をもたらす自然の色

樹木の幹、大地、動物の毛皮、食物や何かが焼けた色として、茶色は古代から**身近な色**だ。

私たち人間にとって、木々をつたって移動していた原始の時代にも、地上に降りて生活を始めた時代にも、いつも身を預けるべき、**支えの色**だった。さらに茶色は、食物となる植物を育《はぐく》む大地の色だ。これらすべての経験から、**落ち着き**、どっしりとした**安心**や**安定感**、**温もり**を人に感じさせるのだろう。

茶色は、緑とともに自然の中に常にある、身近な色。

しかし同時に、落ち葉や死体が腐り変化した泥、火事の後の焼き尽くされた樹木、糞《ふん》など汚物の色でもある。時に厳しい真の自然を代表する色といえよう。

英語圏では「陰鬱な」ブラウン

茶色は英語圏ではあまり好まれない色だ。「brown」が形容詞になると「陰鬱《いんうつ》な、憂鬱《ゆううつ》な」となり、「brown off」は「(人を)うんざりさせる・立腹させる」という意味を持つ。

古くからの色名には、木の実である「**マルーン**(栗)」「**ウォルナット**(胡桃《くるみ》)」、動物の毛皮である「**タン**(なめし皮)」「**フォーン**(小鹿の毛皮)」、その他にも「**ビスタ**(煤《すす》)」「**ローアンバー**(土の色)」など、狩猟民族に身近な物から命名されていることが多い。

また、「**コーヒー**」「**チョコレート**」「**ココア**」などの色名は、それらが入手できるようになってはじめて成立した新しい色名で、これもその物の色である。どれも、物の色の呼び名としての必要性から成立した色といえよう。

ヨーロッパでは、鮮やかな色が人を強く魅了する、力のあるものと考えられていたため、茶色のような自然色を「色」ととらえなかった時代があったのだ。

英語圏のさまざまな茶色の色名

色	色名	色名が指すもの
	マルーン	栗の実の外皮
	ウォルナット	胡桃の実の外皮
	タン	牡牛のなめし皮
	フォーン	小鹿の毛皮
	ビスタ	煤
	ローアンバー	イタリアのウンベリア地方の土
	ローシェンナ	イタリアのシエナ市の土
	コーヒーブラウン	コーヒー豆
	チョコレート	チョコレート

日本では古くから愛されていた色

日本では、茶色の呼び名は江戸時代に誕生した。お茶が庶民に広まったことに由来する。「四十八種類の茶色と百種類の鼠色《ねずみいろ》があるといいたくなるほど種類が多い」という意味で使われた言葉「**四十八茶百鼠**《しじゅうはっちゃひゃくねずみ》」は有名だ。

この時代に多くの茶色や鼠色が生まれた背景には、派手な色の使用や大きな宴会を禁じた幕府の体制があった。このため生活の色は茶色や灰色、藍色《あいいろ》が中心となったが、そこからさまざまな色を生み出したのは、「渋さ」を粋《いき》の文化として昇華させた、色を楽しむ江戸庶民の知恵でもあるのだ。

茶色は、江戸時代のみならず古くから愛されている。代表は「**黄櫨染**《こうろぜん》」だろう。天皇が儀式の際に着用する正式な袍《ほう》の色で、今日まで続いて用いられている。絹に染めると、光で茶にも橙《だいだい》にも見える気品と華やかさがあり、当時は禁色《きんじき》であった。高貴な赤につながる見栄えに加えて落ち着きがあり、大陸の皇帝色の黄にもつながるイメージから、禁色として成立したのだろう。

黄櫨染《こうろぜん》

天皇が着用する黄櫨染の袍《ほう》／黄櫨染は天皇が儀式の際に着用される袍の色。天皇以外は着用することのできない禁色であった。現在も重要な儀式で着用される。

茶色への日本人の愛着は、単に高貴な色とのつながりだけではない。たとえば平安時代の貴族が愛した「**朽葉色**《くちばいろ》」の存在だ。栄華を誇るのではなく、朽《く》ちていく葉の色へ寄せる思いは、儚《はかな》い命の移ろいを含め、自然の摂理を受け入れ、美しいと感じる日本人独自の美意識だろう。

江戸時代に流行したさまざまな茶色

江戸茶（えどちゃ）	媚茶（こびちゃ）	千歳茶（せんさいちゃ）	鶸茶（ひわちゃ）	鶯茶（うぐいすちゃ）	海老茶（えびちゃ）
利休茶（りきゅうちゃ）	雀茶（すずめちゃ）	丁子茶（ちょうじちゃ）	柳茶（やなぎちゃ）	樺茶（かばちゃ）	桑茶（くわちゃ）
唐茶（からちゃ）	焦茶（こげちゃ）	黒茶（くろちゃ）	灰茶（はいちゃ）	金茶（きんちゃ）	海松茶（みるちゃ）

日本の文学作品に登場する茶色

「香色《こういろ》」は『枕草子』や『源氏物語』にも登場する。染め方で多種多様な茶色が現れ、「薄香《うすこう》」、「赤香《あかこう》」などと1つ1つ命名しており、色だけでなくかすかな香りも楽しんだ。また、仏僧の僧衣にも使用されていた。

平安時代の貴族が愛した枯れ葉の色を指す「朽葉色」は、『源氏物語』『枕草子』『平家物語』にたびたび登場する。まさに諸行無常ならではの感性だ。

香色（こういろ）

香料である丁子《ちょうじ》やキャラなどの香木《こうぼく》の煎汁で染めた、香染めの色。

朽葉色（くちばいろ）

紅葉の朽葉の色は「赤朽葉」、黄葉の朽葉の色は「黄朽葉」など、バリエーションがある。

日常生活での茶色の使い方

リラックスにはベージュを利用

ベージュは、筋肉を緊張させず、リラックスをもたらす日常の色である。毛布やセーターなどの柔らかな素材で使うと、人の肌に包まれているような安心感を得られるだろう。

実際に触れると、より効果的。

日本のインテリアでよく使われる色

自然の色である身近な茶色は、暗い色でも明るく薄い色でも、人に安心感を与える大切な色だ。特に木と紙の文化を持つ日本で、茶色はインテリアの配色の中心となっている。

暗い焦茶《こげちゃ》は大地を連想させ、床材などに使うとナチュラルで落ち着いた空間が作り出せる。また明るく薄いベージュを床材に使うと、温もりと広がりのある空間になる。

黄 yellow

黄は東西でイメージが異なる。歴史や文化、宗教の違いなどの影響を大きく受けている色の代表といえる。

黄の基本的な情報

黄色

卵色（たまごいろ）

芥子色（からしいろ）

黄蘗色（きはだいろ）

梔子色（くちなしいろ）

刈安色（かりやすいろ）

黄の天然顔料・染料

黄の顔料イエローオーカー（黄土）は紀元前4万年頃、洞窟壁画などでも登場する、入手しやすい顔料。

ヨーロッパではサフランが愛好される。香水、リュウマチの特効薬、食用色素として、非常に高価な価格で昔から取り引きされ、現在も同様だ。

日本では黄蘗《きはだ》、ウコン、梔子《くちなし》、刈安《かりやす》など。黄蘗はミカン科の樹木で樹皮が染料となり、ウコンは根が、梔子は実が染料となる。刈安はイネ科の多年草で実が染料となる。これらの染料には薬の効果もあり、黄蘗は健胃剤《けんいざい》、火傷《やけど》、虫下し、洗眼薬、うがい薬、湿布薬として、ウコンは強肝作用や止血剤の効力がある漢方薬として、梔子は利尿剤としても用いられた。

サフラン／花のめしべが染料となる。

ウコン／漢方薬のほかに、香辛料としても有名。

黄の一般的なイメージ

明朗、希望、喜び、暖かさ、幸福、躍動、賑《にぎ》やか、幼稚、注意、軽率、騒がしい、イライラする、嫉妬《しっと》、臆病、太陽、光、子ども、お金、信号、バナナ、レモン

黄は光と黄金の色

古代の黄のイメージは、白と同様に基本的には**光**に通じる。太陽の光は命の基本だ。白が光の明るさならば、黄は光の暖かさである。また腐食しない黄金は、不死や永遠を意味し、黄の光とともに人々を魅了した。

加えて穀物の実りの色や大地の色と結びつけば、農耕民族ではさらに意味が深まる。南米のある民族は、トウモロコシやそれが育つ大地の色から、黄を肌にぬって豊作の儀式を司ったという。

黄は光の色。ポジティブなイメージにつながる。

農耕民族にとって黄は光り輝く実りの色。

こうした光や輝き、食物の色が、黄という色に明るさ、普遍性、エネルギーを感じさせ、**喜び**や**希望**、**幸福**というポジティブなイメージを与えるのだ。

アジアやエジプトでは永遠の豊かさの象徴

中国の思想、陰陽《いんよう》五行《ごぎょう》（次ページ）では黄は万物の中心、太陽と富の象徴の黄金、大地の色として、最高権力者の色、中央に位置する色である。日本でも沖縄の王朝が同様に黄を王家の色とし、どちらも他での使用を許さない禁色《きんじき》だった。

仏教国では僧侶の衣の色で、中国でも仏教寺院を表す。初期の仏教教団では高僧はサフランで染めた布を着ることが義務づけられるなど、大切な色だった。ヒンドゥー教でも、修行者が黄色の衣を身に着ける宗派がある。また古代エジプトでは、黄金はマスクや装飾品に多く使われ、黄はミイラを包む布となり、永遠の象徴であった。

これらの地域では、太陽の光や黄金の光のイメージと、農耕民族の豊作の色、大地の色としての黄が連動し、大いなる力の**神の世界**や**永遠性**、**豊かさ**の象徴性として光の色というイメージを保っているのが特徴だ。

タイの修行僧。アジアでは黄は宗教と結びつけられることが多い。後に黄と橙の境は曖昧になる。

中国の思想、陰陽五行と色

陰陽五行《いんようごぎょう》とは、古代中国において生まれた思想で、すべての事象は「陰」と「陽」の相反する形で存在するという陰陽思想と、万物は五行という「木《もく》・火《か》・土《ど》・金《ごん》・水《すい》」の５つの要素から成り立つという五行思想が結びついたもの。日本にも６～７世紀頃に伝わり浸透していった。

この思想によると、すべての事物が五行に帰属すると考えられている。色彩も青、赤、黄、白、黒の５色が当てはめられ、黄は中央である「土」の色とされている。

主な事物の五行の配当

五行	木	火	土	金	水
五方	東	南	中央	西	北
五色	青	赤	黄	白	黒
五季	春	夏	土用	秋	冬
五神	青龍	朱雀	黄龍	白虎	玄武

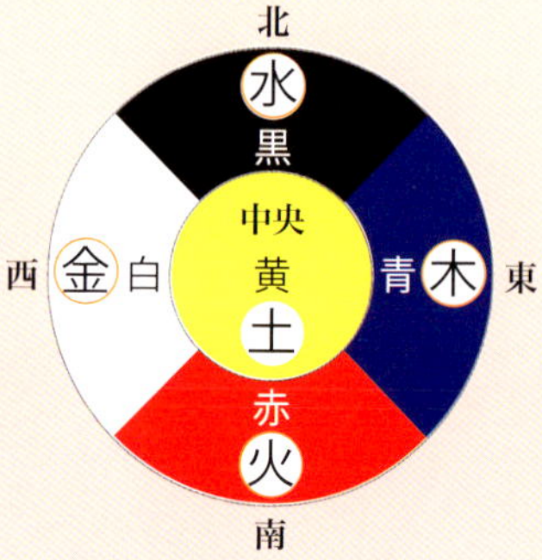

ヨーロッパで不人気な理由

古代ヨーロッパのギリシア文化では、神官や巫女《みこ》が鮮やかな黄を身に着け、地中海領域でも明るい黄は結婚の永遠性を意味するなど、高貴で神々しい色だった。

しかしヨーロッパ中世では、**狂気**や**裏切り**、**偽善**、**異端**・**妬み**、**臆病**など負のイメージへと変化する。

その背景には、黄が持つ光のイメージが、白と黄金で表現できてしまったことがあるだろう。光沢《こうたく》のない黄の布は白が黄ばんだように見え、ベージュは当時、身分の低い者が身に着ける羊毛そのままの色であった。また、くすんだ黄は糞尿《ふんにょう》の色にもつながった。

強い黄は派手で目立つため、娼婦など被差別者が着用する色に指定されていき、やがて絵画では裏切り者ユダの衣の色が黄で表現されていく。

こうして中世末の紋章協定では「すべての色の中で最も醜い色」と規定されてしまうのだ。現在でも英語の「yellow」は俗語で臆病者を意味する。

ベージュや黄は汚れや黄ばみに見えるため、商品のパッケージでも長い間、売れない色とされていた。

現在では元気なイメージが復活

ルネッサンスを経ると、緑と同じように黄のよいイメージは復活していき、近年の画家たち、ゴッホやゴーギャンらが好んで使う色となる。

世界的には現在、黄は**光**のイメージ、**躍動**、生命にあふれる**子ども**、**元気さ**や**賑《にぎ》やかさ**のイメージにつながっている。一方でそれが増長され、**幼稚**、**未熟さ**、**騒々しさ**といったネガティブな方向へも広がりを見せている。

日常生活での黄の使い方

幸せの色としての黄

日本で「幸せの色」というと、やさしいピンク系をイメージする人が多い。しかし欧米では現在、圧倒的に黄がイメージされる。戦争からの無事の帰還を祈るアメリカの、幸せの黄色いリボンの話は有名だ。

また太陽の色も、ほとんどの国で黄である。光から幸福や希望をイメージするのにふさわしい色なのだろう。ヨーロッパ中世の悪いイメージは、一部、払拭《ふっしょく》されているようだ。

黄をぬって幸せを願う心を表現

アメリカのある研究によると、黄は幼児期初期に関心が持たれる色だという。子どもが黄色に強い興味を持つときは、親への依存心が強いと同時に活動期で、「親にかまわれたい、注目されたい」という子どもらしい気持ちを黄が代弁しているというのだ。それは世界が自分を中心として巡り、そこに満足と幸せを求める心であり、子どもとしては当たり前の状態だろう。

子どものように素直に「幸せになりたい」と願うときには、そんな気持ちを持つことも大切だ。素直じゃない、心が硬くなっていると感じたら、フィンガーペインティングで光のような黄をぬってみると、気持ちが軽くなるかもしれない。言葉にはできなかった自分自身の存在の主張を、色として表現することになるからだ。

素直じゃないと感じたときは、幸せになりたいと願う心のままに、黄色をぬってみよう。

緑 green

緑は黄と同様に東西でイメージが異なる色だった。環境問題が取り上げられる現在では、全世界的に大切な色となっている。

色名について

日本では古く、青と感じる色を「縹《はなだ》」、緑と感じる色を「青」と呼んだ。緑の色をした鳥、カワセミの古名「そにどり」が「にどり」→「みどり」に転じたという説もある。

鳥の羽の色から「鶯色《うぐいすいろ》」「鶸色《ひわいろ》」、草木にまつわる「草色」「苔色」「青竹色」「柳色」「萌黄色《もえぎいろ》」などの色名が多い。

英語の「green」は「育つ：grow」が語源。

緑の天然顔料・染料

緑の天然の顔料・染料は非常に少ない。

顔料の代表は、緑土《りょくど》とマラカイト（孔《く》雀石《じゃくせき》）。エジプトではマラカイトに薬効があると信じられた。

染料で美しい緑を発色させるため、藍《あい》と刈安《かりやす》など、青系と黄系の染料を掛け合わせる方法が用いられた。緑単独の染料は少なく、クロウメモドキという落葉低木の実が原料のサップグリーンが唯一の単独染料。

緑の一般的なイメージ

自然な、安らぎ、落ち着き、癒《いや》し、若さ、爽やか、新鮮、安全、平和、健康、公平、平凡、未熟、森、植物、楽園、ピーマン、キュウリ、信号、カビ

緑の基本的な情報

緑・翠

鶯色（うぐいすいろ）

鶸色（ひわいろ）

萌黄色（もえぎいろ）

苔色（こけいろ）

青竹色（あおたけいろ）

グリーン

サップグリーン

マラカイト／やわらかい鉱物《こうぶつ》で、結晶の塊の断面の縞模様が孔雀の羽に似ていることから孔雀石と呼ばれる。

自然の色、周囲にあるべき色

「緑」は色名だけでなく、**自然そのもの**を指す言葉だ。生活の場や食物としてあるべき色で、もし周囲に緑がないなら、それは人間が生きていく上で過酷な環境の表れとなるだろう。

緑は砂漠ではオアシスだ。古代アラビア語では、「緑」と「植物」、「楽園」は同じ語源を持つという。まさに生き物を包み込み、生かしてきた色なのだ。

人が緑を見て安心するのは、生存に不可欠だからというだけではないかもしれない。樹木は自己保存のため、害虫を防御して他の植物の成長を阻《はば》む「フィトンチッド」という揮発性物質《きはつせいぶっしつ》を発散している。近年、この物質に、人間の血液中ストレスホルモン濃度の抑制、血圧や脈拍の乱れの抑制、抗菌作用があることが実証された。つまり、私たちは緑の中にいると本当に癒《いや》されるのだ。こうした植物との関係も、緑のイメージを作っているのだろう。

私たちの周囲には常に緑がある。緑は安心感を与える色である。

生命力と永遠の象徴

古代、季節が巡ると枯れたはずの植物が再び芽を出すようすが、生命力と永遠性のシンボルとなった。

このためエジプトでは、緑には病気を治す力があり、**再生に必要な色**と考えられ、復活を司る神々の顔は緑などで描かれた。緑の鉱物《こうぶつ》マラカイトをミイラの顔にぬったり、魔よけとして女性も目のまわりにぬったりしていた話は有名だ。日本語で幼児を「緑児《みどりご》」、女性の艶やかな髪の毛を「緑の黒髪」というのも、**生命力**を象徴した表現といわれる。

また、常に緑のままの常緑樹は、西洋のヤドリギや日本の榊《さかき》を代表とするように、古代では共通して神聖な力が宿るもの、不変・不死の象徴、永遠性としてとらえられている。人々にとって緑が見せる生命の営みは、最も**身近**で最も**神聖なもの**だったのではないだろうか。

紙垂《しで》のついた榊が飾られた鳥居の柱。榊は、日本では古くから、神が降臨《こうりん》する所。「神木《しんぼく》」として、神道《しんとう》の神事に使われてきた。

日本で緑のイメージがよい理由

日本では緑のイメージは一般的によい。古代から自然を崇拝した日本の宗教的感覚が、緑に気持ちを投影《とうえい》しやすくさせるのだろう。

日本独自の美意識が誕生したといわれる平安時代。宮廷に仕える女性（女房《にょうぼう》）の衣服は、袿《うちぎ》を何枚か重ね着するというもので、その配色を「**襲《かさね》の色目《いろめ》**」と呼ぶ。そこには、日本の四季を取り入れた細やかで複雑な配色が生み出されている。緑の葉の変化を追って、発芽、開花、青葉、落葉など、四季をさまざまな色で表現してまとったのだ。

現在でも日本人は自然に美しさや力を感じており、こうした文化的背景が、必然的に緑の印象をよくしているのだ。

西洋の緑のイメージの変遷

古代のヨーロッパでも自然信仰は存在し、緑が森や草原を意味し、新緑は恋の季節として期待を持って受け入れられていた。

しかしいつでも緑のイメージがよいわけではない。中世ヨーロッパで緑は「**不幸を招く色**」だ。悪魔、毒、不運、不実な愛、また運命や偶然の色とされ、今でもこの古典的なイメージで緑を嫌う人もいる。

これは、混色を嫌うキリスト教の下、緑を単一で美しく染められる染料が当時ほとんどなかったせいだ。また、緑色の衣は不安定で変色するうえ、新緑は恋の季節という古代の緑のイメージが人々の記憶に残っており、悲恋や浮気といった人の心の変容にもつながっていった。支配できない自然そのものの脅威と相まって、緑に「**運命の力**」を感じたようだ。

襲の色目

平安時代の美しい色彩感覚を伝える襲の色目は、『枕草子』や『源氏物語』などの文学作品にも記されている。襲の色目は衣の表の布と裏の布の色の組み合わせを指すことが多く、主に自然の移ろい、四季の風物にちなんだ名前がつけられていた。

春の襲

紅梅
表：紅梅
裏：蘇芳

若草
表：淡青
裏：濃青

夏の襲

卯花
表：白
裏：青

杜若《かきつばた》
表：二藍
裏：萌黄

秋の襲

萩
表：紫
裏：白

朽葉
表：濃紅
裏：濃黄

冬の襲

雪の下
表：白
裏：紅梅

氷重
表：鳥ノ子色
裏：白

※色の組み合わせには諸説あり。

ビリヤード台などの賭け事のテーブルは緑。

このイメージがヨーロッパでは**人を振り回す偶然に関わるもの**、たとえば賭博《とばく》のテーブルなどの色へとつながり、さらに**お金を象徴する色**となった。現在、アメリカではドル紙幣を印刷する色である。

また、緑は**イスラム文化を象徴する色**だ。つまりキリスト教徒が敵対し、支配できない民族の色が緑なのである。

こうして自然の色の緑が、ヨーロッパでは文化を通してさまざまに意味づけられ変化していく。中世を過ぎると、自然や人間復興が叫ばれる中で、自然の緑の象徴性も復活している。

日常生活での緑の使い方

インテリアによく使われる理由

色彩学者のF.ビレンは、緑を嫌う人は、コンプレックスを抱きやすくしばしば孤独な存在になりやすいタイプ、あるいは、月並みな習慣を尊重したり単調でつまらない行動をとったりしている人々を嫌悪するタイプだと述べている。

青に比べると嗜好率《しこうりつ》では及ばないが、「自然」と聞いて、水の青より植物の緑を思い浮かべる人が多い。こうしたことからも環境の色として馴染みやすく、インテリアでは淡い緑はよく活用されている。この色が、寒暖を感じさせない中性色で自然を連想させるということも理由だろう。人を緊張させない色で、青のようにクールダウンをしすぎることもない。

緑の中の散歩は気分転換の最良の方法

イメージ療法では深い森の緑をイメージに使うが、実際に緑の中へ出かけることは、気分転換には最良の方法だ。

自然の緑が香る木々の中で、色を味わいながら歩くことは人の気分をよくする。うつの治療などでも、散歩は適度な運動となり、脳にとって心地よいリズムを刻めるため、必要な日課となっている。その途中で、緑の空気を吸い込みながら呼吸法を行なえば、さらに気持ちを落ち着かせる効果が高いだろう。

イメージするのもいいが、実際に緑の中を歩くとより効果的。

青 blue

青は世界中で愛されてきた色である。「ロイヤルブルー」「ジャパンブルー」など青への憧れが色名にも現れている。

青の基本的な情報

色名について

世界中で好きな色のベスト3に入り、長く愛されてきた。青に類する色名は多い。

日本では江戸時代から明治時代にかけて、藍染《あいぞ》めからさまざまな色が誕生。藍《あい》甕《がめ》をちょっと覗《のぞ》いただけの青さという「甕覗《かめのぞき》（覗色《のぞきいろ》）」、白にかすかに青みをつけたという「白殺《しろごろ》し（藍白《あいじろ》）」、流行も知らない田舎侍の羽織の裏地色として嘲《あざけ》る「浅葱色《あさぎいろ》」などがある。

藍染めの「藍色」は、藍と黄蘗《きけだ》で染めたやや緑みのある色で、実は藍だけで染めるのは「縹色《はなだいろ》」。

英名では「スカイブルー」「ホライズンブルー」、神がおわす天空「セレスト」など空色系が多く、また1892年にイギリス王室公式の色となった「ロイヤルブルー」も有名。

青

藍色

縹色
（はなだいろ）

甕覗
（かめのぞき）

浅葱色
（あさぎいろ）

ブルー

スカイ
ブルー

ロイヤル
ブルー

青の天然顔料・染料

青の天然顔料・染料は少なく貴重。顔料は、アズライト（藍銅鉱《らんどうこう》）、ラピスラズリ、染料は藍が世界中で最も古くから使われている。

藍は植物そのものではなく、同様の色素を含む植物の総称だ。インド周辺ではマメ科のインド藍、日本ではタデ科のタデ藍、沖縄ではキツネノマゴ科の琉球藍、ヨーロッパではアブラナ科の大青《たいせい》とさまざまで、染色の方法も異なる。

青の一般的なイメージ

冷たい、冷静、神秘的、孤独、静か、知的、爽やか、信頼、自由、平和、誠実、憂鬱《ゆううつ》、澄んだ、遠い、真面目な、空、海、制服、サッカー

空と海から生まれた青のイメージ

人類の祖先が樹上生活をしていたことから、その色覚は空の「青」と葉の「緑」を区別するため進化したという説がある。

人にとって最初の青の体験は**空の色**、そして**水の色**だろう。空も水も鮮明な青なのにつかむことができない体験、空が頭上にあることなどが、不思議な感覚や**神秘性**につながったと考えられる。また、水や日陰の冷感は冷たさにつながり、空や海の広大さを体験することは人間の小ささという**孤独感**や**クールダウン**にもつながったようだ。

自然の美しさを担《にな》う青は、世界中で愛される色といわれている。

ヨーロッパにおける青への憧れ

古代の花や石などに鮮明な青は少なく、青の染色技術が発達していなかったヨーロッパでは、美しい青はことさら重要だった。

ラピスラズリを砕いて顔料とした青は、海を越えてきた青という意味で「**ウルトラマリンブルー**」と呼ばれ、貴重さゆえに絵画ではマリアの衣の色と指定された。また、神がいるとされる空の色は、永遠性や信仰心、さらには誠実さや希望が結びついて、やがて「王家の」という意味の「**ロイヤルブルー**」が誕生する。

こうした青への憧れが幸福へとつながり、結婚の幸せを約束するサムシングブルー（結婚式で花嫁が何か青いものを身につけると幸せになるという言い伝え。青は花嫁の純潔や清らかさの象徴とされている）や青い鳥の話が生まれたとも考えられる。

ただし、冷たさや陰を彩る青は、負のイメージの歴史も持つ。英語の「ブルーデビル」はうつ病のことで、病気になると青い悪魔が見えるという迷信がある。

ラピスラズリ／鉱物名はラズライト（青金石）。瑠璃《るり》石とも呼ばれている。

日本人と青、藍の歴史

日本は、大陸から美しい青を作る**藍染《あいぞ》め**の技術を早くから得た。「藍」の漢字を見ると、草冠に「監」であり、「監督する必要がある植物」という意味といわれ、藍は支配者が管理するほど重要な植物だった。

江戸時代に出された贅沢《ぜいたく》を禁止する「奢侈禁止令《しゃしきんしれい》」では、藍染めは許されていた。栽培しやすく色が堅牢《けんろう》なため、藍まで禁止すると庶民が大騒ぎすると判断したからだという。江戸の浮世絵にも使われており、粋《いき》の文化は図らずも「藍」と「茶」の補色が担《にな》っていたのだ。

「**青**」という言葉はもとは**緑**を表し、「青丹《あおに》よし奈良の都の」の「青」は緑のことだ。純粋な青は「**縹**《はなだ》」と呼ばれ、色移りしやすい鴨頭草《つきくさ》(月草:のちの露草《つゆくさ》)の花の汁を使った色であった。そのため、『万葉集』では心移りの色としてよく詠まれていた。

露草／露草の花の汁は、水に浸すと色が落ちやすいことから、現在は友《ゆう》禅《ぜん》染めの下絵描きに使われている。

青と緑は、日本だけでなく多くの文化で同一視され、同じ文字や意味で使われる。それは、多くの染料・顔料が少しの染色の違いで青とも緑ともなるため、同じ自然の色のためだろう。美しい緑も実は藍で作ることができるのだ。また「藍」は青の染料と思われているが、古くは染料の総称として使われていた。

日本的な色の代表、藍＝ジャパンブルー

かつて、藍染めは「ジャパンブルー」と呼ばれたことがあった。

明治時代に来日し「雪女」などを書いたラフカディオ・ハーン(小泉八雲)は、藍染めののれんや人々の着物、前掛けを見て、「日本は藍の国だ」といったという。それ以前にも、英国人科学者R.アトキンソンが、日本人の多くが身につけている藍色を「ジャパンブルー」といって称賛したという話もある。

手間がかかる天然の藍染めはやがて衰退していったが、藍染めの美しさに今でも魅せられる人は多い。

写真上は藍で染めた反物、右上はタデ藍、右下はその葉を乾燥させた染料。

世界のインディゴ

藍染めの技術はアフリカ、南米、アジアなど世界的にある。

エジプトでは、ミイラに巻かれた最古の藍染めの布が発見されている。インドでは、強く染まることから、汚れた色と考えられた時代もあった。

また西ヨーロッパでは、敵対していたケルト人などに大青《たいせい》で顔や体をぬる習慣があったため、蛮族の色と恐れた時代もある。

日常生活での青の使い方

体がリラックスできる色

どの調査を見ても、人類の青嗜好《しこう》ははっきりしている。理由は明快ではないが、肉体の緊張を下げ、体がリラックスできる色で、落ち着きを感じさせることが理由の1つかもしれない。そうしたことも関係して睡眠障害に役立つとも考えられている。

青は冷たさを感じさせるため、暖かみを求められる日常のインテリアでは、広い面には多用されない。よく使われるのは、夏の暑い盛りや、常に日当たりがよい部屋に青を取り入れる方法だろう。

落ち着きたいときやクールダウンしたいときは、青をファブリックに取り入れてみよう。

青で気持ちを落ち着ける方法

青を気分のコントロールに役立てるならば、何となく心がそわそわするようなときに、青い絵の具を思い切りぬってみるのがいいだろう。ぬってしばらくすると、気持ちが落ち着くことがある。しかし、うつ的な状態のときに行なうと、かえって沈みすぎてしまうので注意したい。十分満足したら、最後には青の上に、白や黄色など明るい色をぬり重ね、バランスをとって終わりにしよう。

悲しいとき、自分の内側に心が向くとき、人は青の世界に触れたくなるようだ。その代表的な話として、画家のピカソが、田舎から一緒に夢を追って出てきた幼馴染の死をきっかけに突入した、青ばかりを使って描いた「青の時代」が挙げられる。深い悲しみと内側に向かった心が、彼に青を選ばせたのだろう。

紫 violet

ヨーロッパでも日本でも紫の染料は貴重だったため、高い身分の者に愛される高貴な色であった。

紫の基本的な情報

色名について

英語圏で青みが強い紫は「パープル(purple)」ではなく、「ヴァイオレット(violet)」と呼ばれる。

日本では、「二藍《ふたあい》」「半色《はしたいろ》」「薄色《うすいろ》」「濃《こき》色《いろ》」「本紫」「滅紫《けしむらさき》」など濃淡で名前が異なる。「藤」「藤紫」「楝《おうち》」「紫苑《しおん》」「菖蒲《しょうぶ》」「桔梗《ききょう》」「菫《すみれ》」と、花の名前も多い。

また、赤みのある「京紫」と青みの強い「江戸紫」の違いは、派手好みの関西と、クールな色が好みの関東の違いという説がある(184ページ)。

紫の天然顔料・染料

ヨーロッパでの染料は貝紫《かいむらさき》が主。この色は、はじめは白で、光を浴びて黄緑がかり、緑、紫、赤と変わる。紫と呼ぶべきか赤と呼ぶべきか、難しい色だった。地中海域で採れたこの貝は、採取しすぎたことによって絶滅したとされる。

日本での染料は紫草《むらさきぐさ》の根。紫草で染色された紫は青みを帯びている。

紫草(左)と染料(右)／紫草はムラサキ科の多年草。染料は根を乾燥させたもの。

紫の一般的なイメージ

高貴な、高級な、神秘的、正式な、不思議議、やさしさ、女性的、妖艶《ようえん》、和風、大人、病気、死、不吉、古典的、都会、低俗、悪趣味、派手、悪魔、ぶどう、なす

不吉であり神秘的なイメージの理由

高貴、**高級感**、**古典的**というイメージがあれば、**妖**《あや》**しい**、**病気**、**狂気**といったイメージまである紫だが、時代や文化によってさまざまに意味づけられてきた。

夕焼けや朝焼けの空は、時に美しく神秘的な紫に染まる。

自然界で生命と関わる紫の原初的体験は、やはり肉体の色の変化だろう。打ち身や死体に現れる紫斑《しはん》、あるいは死斑《しはん》の色だ。これが体に現れると、死に至る場合と、それが現れることで打ち身のように完治に向かう場合を目にしていたと考えられる。

つまり不吉であったり、また不安ながらも希望が持てたりと、曖昧《あいまい》でいて両義的な感覚がある。紫の、赤とも青ともなり得る色の曖昧さもプラスされ、不思議で得体が知れない、また**神秘的な色**と感じるのだろう。

地中海国家の貝紫で染めた紫は高貴な色

ヨーロッパでは、紀元前1500年頃の地中海国家で、プルプラと呼ばれる**貝紫**《かいむらさき》の分泌液で染色をしていた。クレオパトラが乗った船の帆が貝紫で染められ人々を驚かせた話や、古代ローマ時代の皇帝たちが、自分以外の美しい紫を着た者を処刑したという話まである。

古代から身分の高い者の色であった貝紫の色は、15世紀に枢機卿《すうききょう》(ローマ教皇に次ぐ高位の聖職者)の色となり、現在の**高貴**というイメージにつながった。この紫は日本人の感覚からすれば赤みがかなり強く、「purple」の語訳も「紫」と「緋《ひ》」の両方が使われている。

しかし貝紫の高貴なイメージで、死に至る不吉な紫を払拭《ふっしょく》できたわけではない。今でも魔女の衣装は黒に合わせて紫や緑が配される。映画バットマンの「ダークナイト」では、悪役ジョーカーが「高級なスーツ」として着ていたのが紫であり、合わせたベストが緑だったのを見ても、不吉なイメージの定着度がわかるだろう。

地中海でとれた貝と同じアクキガイ科のイボニシガイと、その内臓にあるパープル腺で染めた帝王紫といわれる色。イボニシガイは日本の海でとれたもの。

帝王紫 ていおうむらさき

日本でも古代から高貴な色だった

紫の染料の紫草《むらさきぐさ》の育成は難しく、また染色にも手間がかかるなどの貴重性から、日本でも**高貴な色**となった。飛鳥時代の推古天皇のときから、「位階色《いかいしょく》」という階級で着用できる色の順位があり、中国・隋《ずい》を見習って紫が最高位とされ、この地位はその後、平安時代中期頃まで継承された。

紫は平安時代に最も人々から愛された色という説もある。色の濃さによって多くの色名が生まれ、「**藤**」「**桔梗《ききょう》**」「**菖蒲《しょうぶ》**」など紫の花からとった色名の多さを見ると、いかに日本人が紫の色にこだわったかがうかがえる。

また紫草で染めた紫は、揮発性《きはっせい》があり色が他に移る（伝わる）、その根が地中でからむなどの説から、人とのつながりや、つながりが情けをかけること、恋愛に結びつき、そのなまめかしさも好まれた。

戦前など和装が中心の時代から昭和20年代くらいまで、紫系の色は好きな色の上位だったが、現在上位に入ること

藤

藤色

桔梗

桔梗色《ききょういろ》

菖蒲

菖蒲色《しょうぶいろ》

菫色《すみれいろ》　菖蒲色《あやめいろ》　紫苑色《しおんいろ》

冠位十二階と冠の色

冠位十二階は、推古11年（603年）に日本ではじめて制定された冠位制度。冠位は、「徳、仁、礼、信、義、智」の6種を大小に分けて12階とし、冠の色を6色の濃淡で表した。紫は最上位の色である。

一	二	三	四	五	六	七	八	九	十	十一	十二
大徳	小徳	大仁	小仁	大礼	小礼	大信	小信	大義	小義	大智	小智
紫		青		赤		黄		白		黒	

はない。この紫離れは和装から洋装への変化によるもの、ヨーロッパのイメージに影響を受けているという説もある。

他の色でもそうだが、染料は薬用としての効果がある。紫草も胃腸薬、皮膚病薬、腫《は》れもの薬などとして使われていた。

特に紫は、患部に巻くことでも治療になるという発想から、紫の鉢巻きをする風習があった。それは今も歌舞伎《かぶき》や時代劇などに登場する。いかにも治りそうな不思議なイメージが、昔も今もあるのだろう。

日常生活での紫の使い方

紫に惹かれるのはどんなとき？

ユング派の治療者S.バッハ（98ページ）の考察によると、病気の子どもが紫を使って描く状況は、てんかんなど身体的に「支配」されてしまう病状や不治の病に「捕《とら》えられて」しまったとき、気持ち的には息苦しさも含めて「抱えられている」状態を表すときと述べている。日本でも紫は、病気やケガ、死のシンボルとして取り扱う研究がある。

紫に気持ちが惹《ひ》かれる状態を全体的に見ると、非常に繊細で敏感な気分のとき、体調や精神が不調なときに、紫を欲する気持ちが高まるようだ。打ち身や死斑《しはん》などで人の体に現れ、紫が病や死に近い色であり、またそれを通過することで治癒《ちゆ》される体験があるからかもしれない。

紫の花を飾って眺める

一般的には好き嫌いが出る色なので使い方は難しいが、もし紫に惹かれる気持ちがあるようなら、疲れや不調の可能性、あるいは、とてもデリケートな気持ちのときかもしれない。そんなときに紫の花を傍に飾り、眺めるだけでも癒《いや》されるだろう。

紫の色をした花は多く、身近なバラやチューリップ、アネモネや菫《すみれ》、アイリス、デルフィニューム、八重のトルコキキョウ、フリージア、矢車草《やぐるまそう》、杜若《かきつばた》、桔梗《ききょう》など、フラワーショップで入手しやすい花ばかりだ。やさしい香りと小さな生命の美しさが、紫の色と相まって、静かな安らぎを与えてくれるだろう。

紫に心が惹かれるときは、紫色の花をそばに飾り、眺めてみよう。

白 white

白は光の色、明るさの印であり、黒の闇の色と常に対をなす。神聖さ、神々しさのイメージから宗教とも結びついている。

色名について

白は色みのない無彩色であるため、色名の種類は少ない。

真っ白な色を表す「純白」や「スノーホワイト」のほか、ミルク色の「乳白色《にゅうはくしょく》」、真珠《しんじゅ》の白い色を表す「パールホワイト」、牡蠣《かき》の身の色から「オイスターホワイト」などがある。また、「卯花色《うのはないろ》」は空木《うつぎ》という木の白い花の色で、『万葉集』などにも詠まれている。

白の天然顔料・染料

古代に登場する白の顔料は、白土の白《はく》亜《あ》と胡粉《ごふん》。歴史的に最も古い顔料である。白亜は古代すべての民族が使用したといわれる顔料で、日本では法隆寺金堂の壁画の素地《そじ》などに見られる。胡粉は貝殻を焼いて粉にしたもの。日本画などでは、これをさらにすり鉢ですって粒子を細かくして使っている。

色みは素材色をいかに漂白するかにかかっていたので、染料は当然だがなかった。

白の一般的なイメージ

純粋、神聖、清潔、無垢《むく》、明るい、平和、自由、善、潔白、無、緊張、宗教、未来、雪、うさぎ、白衣、看護婦、花嫁

白の基本的な情報

空木（卯木）／ユキノシタ科の低木。5～6月に咲かせる白い花は「卯花」とも呼ばれる。

白

乳白色（にゅうはくしょく）

胡粉色（ごふんいろ）

スノーホワイト

パールホワイト

オイスターホワイト

白はどの文化圏でも光を象徴する

白は多くの文化において黒と対になる。昼行性の人間にとって、活動に最も意味を持つのは、明るいか暗いか、つまり昼と夜、光と闇の区別である。

白は**光**によって明るくなった環境を表す色であり、それは黒い闇の中で不安に過ごした時間の終わり、待ち望んだ活動時間の始まりを意味する。このため、ほとんどの文化で常に黒と対峙《たいじ》する象徴を担《にな》う。黒が恐ろしければ恐ろしいほど、白は輝かしく、正しく、そして人間を救うポジティブなものとなるのだ。

同じ光でも、暖かみのある黄が明るく躍動的なイメージであるのに対し、白は厳《おごそ》かで静か、光の神聖な面を感じさせる。

色の光がすべて集まると透明となり、透明な光のほとんどを反射すると人間の眼には白と見えるため、実は光学的にも白と透明な光はつながっている。こうしたことが判明していない時代に、透明を白に置き換えて受け止めた古代人の感覚の鋭さに驚かされよう。

白は太陽の光の色。明かりのない時代、人々は白い太陽が昇り暗い夜が明けることを待ち望んでいた。

白を追い求めた歴史

人は白を見ると、より白く、より穢《けが》れのない状態に近づけたいという欲求が生じるらしい。糸や紙などで、素のもとの状態から白を追求した歴史がある。日本では麻布を雪にさらし、繊維を凍らせてより白くしていた。古代ローマでは洗濯物をより白くするため、苦肉の策としてアンモニアの尿まで使っていたのだ。

肌の色が異なる東西でも、白粉《おしろい》は真っ白である。西洋のバロック期や日本の平安時代には、女性のみならず男性も素肌を真っ白くぬった歴史を持つ。フランスの国王ルイ14世は白粉だけでは足りず、白い鬘《かつら》までつけていた。

白でぬり固めることが、素の状態からより理想の状態を作るというイメージで、東西ともに同様の発想であることは興味深い。

新潟県南魚沼市の伝統織物「越後上布」の雪さらしのようす。雪にさらすと、日光で雪がとけるときに発生する水素イオン（オゾン）によって織物が漂白される。雪さらしは和紙づくりの工程でも行なわれる。

白は神を象徴する神聖な色

白は多くの宗教で、最も神とつながる色だ。人の力では止めようのない昼と夜の営みは神の領域と考えられ、穢《けが》れない白は**神の象徴**となった。

日本では神道《しんとう》での白が特徴的だ。神主や巫女《みこ》の基本の服装は白衣、白袴《しろはかま》であり、神具の土器は白、神棚も白木作りと白で統一されている。これほど白にこだわる宗教も少ないだろう。穢れをきらい清浄を重んじるため、不純さが一切存在しない白は理想の色なのだ。

仏教でも白は大切な色で、仏陀《ぶっだ》誕生に由来して白象《はくぞう》は重要な役割を持つ。白い動物は西洋でも東洋でも神聖で、神からの使いというとらえ方が多い。エジプトでも、白は光であることから太陽神の服の色となり、インドでは、司祭者階級の色が白である。

神社における結婚式に向かう神主と巫女。衣服は白が基本である。

また、キリスト教でも神は光で表される。神は白い玉座《ぎょくざ》に座ったようすで描かれ、キリストが「雪のごとく真白な衣」を着て現れ、白い天使が登場するなど、白がいかに神とつながる色かがわかるだろう。ちなみに、中国では喪服の色が白である。精液や母乳が白のため、血液と関連づけて白を神聖なものと考えるアフリカの部族もいる。

白のさまざまなイメージ

白にはよいイメージだけがあるのではない。白い雪、白い布。真っ白という状態には、汚したくない感覚、汚すことへの恐ろしさが自ずと生じる。そのため、白が人の心に緊張感を与えるのも事実だ。

また白い状態は何もないとも考えられるため、「虚無感」や「無」に通じる。空虚を意味する「Blank」はフランス語で白を意味する「Blanche」から来ているといわれる。「無」は「死」にもつながり、日本の幽霊やヨーロッパの霊魂は白のイメージが強い。

日本の白無垢《しろむく》は、嫁ぎ先の色に染まる純潔と忠誠を示す色だが、同時に二度と実家には戻らない決意の死を象徴する色ともいわれる。

日本語の「白」が表す２つの意味

日本の「**白**」は、太陽が昇って辺りが明るくなり、形がはっきりすることの「しる（著）」や、明るくなる意の「しら」から来ているとする説などがある。明るくなってはっきりする、隠すことができないようすを指す言葉として「白書」や「告白」、「自白」などの言葉も生まれた。

日本語には、純白の「白」のほか、「素《しろ》人《うと》」「素面《しらふ》」などの言葉に使われるように、もとの状態である「**素**」という意味もある。日本人に好まれ神聖な意味を持つ白木は、素の色であることと清浄さを表す白ということの、両方の意味を備えているわけだ。

「素」はまた始まりの状態を指す。同様に白という光も、古代では世界の始まりの印であり、素も白もイメージはつながっているのだ。

日常生活での白の使い方

●リラックスには暖かみのある白を

リラックスしたいときには、強いピュアホワイトではなく、オフホワイトやソフトホワイトといった、暖かみのあるものがいいだろう。部屋の中のインテリアに使うなど、実際に生活に活かしやすい色だ。

オフホワイトやソフトホワイトといった暖かみのある白で、柔らかい素材のものを選ぶ。

●身に着けるときに気をつけたいこと

白は新しさを感じさせる色で、清潔感や清純さを伝える色ともいわれている。同時に始まりの色でもあり、身に着ける本人のエネルギーが試される色ともいえよう。

その穢《けが》れのなさがかえって「汚してはいけない」という緊張感を生むこともある。そのためか、心がうつろでエネルギーが低下しているときには、白は強すぎる。白を見てネガティブなイメージがわくようならば、白の虚無感という負の面に反応してしまうほど、心のエネルギーが足りない状態なのだ。

気持ちを切り替えて前に進み出したいとき、生活を一新して始めたいとき、白は新しさを見える形で表してくれる。日本の文化では身の穢れを払う禊《みそぎ》の儀式で白を着用するが、そんなふうに、白で清められるようなイメージが持てれば、新しい出発への心の準備が整ったことの表れかもしれない。

灰色 gray

黒と白の間の色はすべて灰色である。江戸時代の日本では茶と同様に大流行した粋な色でもある。

灰色の基本的な情報

灰色・グレイ
鼠色（ねずみいろ）
鉛色（なまりいろ）
スカイグレイ
シルバーグレイ

色名について

「灰色」または「素鼠《すねずみ》」と呼ばれるのが、ニュートラルな灰色。黒である墨の色も薄めると青みに近づく灰色、茶に近づく灰色がある。この色みを消すには、補色の色を掛け合わせる必要がある。たとえば、青みならば黄系の色だ。

江戸時代には奢侈禁止令《しゃしきんしれい》からたくさんの灰色が誕生し、日本独自の灰色のバリエーションが誕生した（174ページ）。

灰色の天然染料

ドングリ／タンニンはドングリやクヌギなどの実に多く含まれている。

茶色と黒、灰色に使われる染料の多くはタンニンから作られる。タンニンは植物が細菌などから身を守るための役割を持つ。それをどのように処理するかによって、無彩色か茶色かが決まる。

色みは、鉄媒染《てつばいせん》で染めると灰色や黒になり、アルミニウム塩だと茶になる。鉄媒染の媒染剤は、粥《かゆ》などのでんぷんを溶かした中に錆びた鉄を入れて発酵させたもので、その中にタンニンを入れて染めると灰色、黒などの無彩色になる。

タンニンは植物の実に多く含まれ、ドングリやクヌギなどは最も入手しやすい材料だ。気品ある色が作れるとして、檳榔子《びんろうし》というヤシ科の実も古くから輸入されていた。

灰色の一般的なイメージ

曖昧《あいまい》、陰気、不安、落ち着き、控え目、汚れた、疑惑、不正、抑うつ、悲しみ、シック、曇り、アスファルト、ビル、都会

白でも黒でもない曖昧なイメージ

原始の時代に、雨や嵐の前兆である灰色の空を見上げた不安が、そのまま灰色のイメージを決めた印象だ。白でも黒でもない、**はっきりしないもの**。**不安**を感じさせ、**陰気なもの**。日本語だけでなく英語の「gray」にも似た意味があるので、文化以前の感覚だろう。

しかし色彩公害といわれ、色の氾濫《はんらん》が起きている現代では、かえってこの色を好む人が増えている。疲れた現代人を刺激しない、ソフトな落ち着きと控え目さが好まれるようだ。

日本では、どの色にも合わせやすい白や黒などは定番色と呼ばれ、ファッションでは確固たる位置を占めてきたが、灰色は長い間、不遇の色だった。しかしバブルが弾けた後、何にでも合う新しい無彩色として灰色は定番色に加えられた。

どんよりと曇った空から、灰色のイメージは陰気ではっきりせず不安を感じさせる。

先行きが見えない不安とも呼応して、この色が気持ち的にもピッタリきたのだろう。白や黒のような強さや個性がない分、主張せず緊張させないやさしさが、人々を安心させたのである。

灰色と銀色

灰色のメタリックはシルバーだが、そのイメージは大きく異なる。シルバーの華やかさが灰色にはない。灰色の車に購買意欲は生じないが、シルバーメタリックの車は、今や白をしのぐ人気の定番色だ。

ヨーロッパの色のイメージに大きく関与したといわれる、紋章に使われる色彩の説明では、シルバーは白として語られる。灰色ではなく白のほうが、華やかで近いイメージなのかもしれない。

2010年4月の日本の新車乗用車販売台数ランキングのトップは、トヨタ自動車のプリウス。ボディカラーは左がシルバーメタリック、右がアイスバーグシルバーマイカメタリック。

喪の色から流行色へ変化した日本の灰色

灰色や**鼠色**《ねずみいろ》という色名は江戸時代で盛んに登場するが、それ以前の平安時代では、「**鈍色**《にびいろ》」あるいは「**薄墨色**《うすずみいろ》」という色名が主流だ。薄い灰色から濃い灰色まですべてを総称しており、『源氏物語』や『枕草子』でもこの名が多く登場している。喪の色でもあり、特に亡くなった人とのつながりが深ければ深いほど、濃い色を着た。悲しみの深さを色の濃さに託すという、細やかな感性が生きた時代の色である。

鈍色

（にびいろ）

青鈍

（あおにび）

薄墨色

（うすずみいろ）

麹塵

（きくじん）

輸入の染料などで染めたといわれる鈍色は、緑みがかった灰色。藍《あい》を下染めした後に再度染料をかけた「青鈍《あおにび》」も、美しく繊細な色だった。

室町時代に入ると、禅《ぜん》の思想の影響から、墨の濃淡で表現される灰色に幽玄《ゆうげん》な美しさを感じていく。この経緯が侘寂《わびさび》の世界観を創り、喪の色だった灰色を江戸の流行色に押し上げたのだろう。もちろん贅沢《ぜいたく》を禁じる「奢侈禁止令《しゃしきんしれい》」が最大の理由だが、「**四十八茶百鼠**《しじゅうはっちゃひゃくねずみ》」という言葉が示すように、茶と並んで多くの灰色が登場した。

多種多様な灰色が生まれたのは、濁色系の微妙な色合いを見分けてきた日本人ならではの好みにもよる。緑系の「利《り》休鼠《きゅうねずみ》」、ピンク系の「桜鼠《さくらねずみ》」、紫系の「藤鼠《ふじねずみ》」など、現代の私たちには、灰色というよりソフトトーンの色みに見える。ただこの時代に流行した役者色（148ページ）には鼠色がない。やはり華やかな役者に、鼠のイメージがつくのはよくないからだろう。

江戸時代に流行したさまざまな鼠色

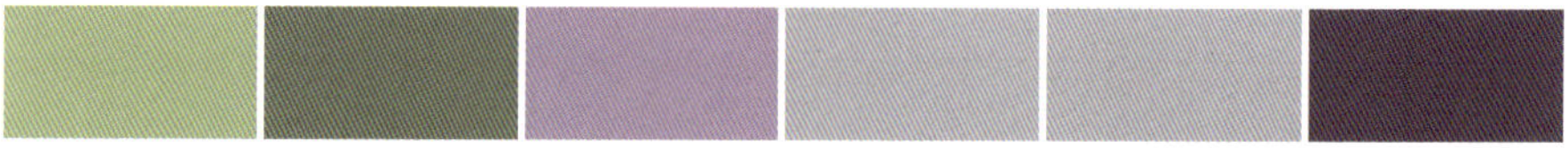

深川鼠（ふかがわねずみ）　利休鼠（りきゅうねずみ）　鳩羽鼠（はとばねず）　銀鼠（ぎんねず）　薄鼠（うすねず）　濃鼠（こいねず）

藤鼠（ふじねずみ）　桜鼠（さくらねずみ）　梅鼠（うめねず）　藍鼠（あいねず）　葡萄鼠（えびねず）　茶鼠（ちゃねずみ）

麹塵の袍《ほう》／麹塵は天皇が日常で着用する袍の色であったが、時代によっては、天皇だけでなく皇太子や臣下もこの色の袍を着用している。写真は光の加減で黄のように見えている。

また、天皇が日常に着用する色で禁色《きんじき》であった「**麹塵**《きくじん》」は、緑とも灰色の一種とも考えられる。

黄の染料の刈安《かりやす》と、紫の染料の紫草《むらさきぐさ》を掛け合わせた複雑な色である。いわゆる補色を掛け合わせて無彩色を作っており、驚くべき知識を当事の人々は持っていたというわけだ。

地模様がある絹に染められると、光の加減で緑みから赤みまで複雑な輝きを見せる。日本人の感性を知る上では欠かせない色だろう。世界でも灰色を愛した文化は希少なのである。

日常生活での灰色の使い方

インテリアに使うときの注意点

ユング派のL.リーデルは、灰色について、憂鬱《ゆううつ》などネガティブなもの以外に、慎ましさも意味すると述べている。その奥ゆかしさは、静けさを愛する人に好まれる色ともいえる。

グレイにはウォームグレイとクールグレイがある。かすかにベージュなどの色みが感じられるのがウォームグレイで、インテリアによく使われる。クールグレイは青みが強く、この色が環境に多くあると、やはり陰鬱《いんうつ》な気持ちになる。同じグレイでも注意が必要だ。

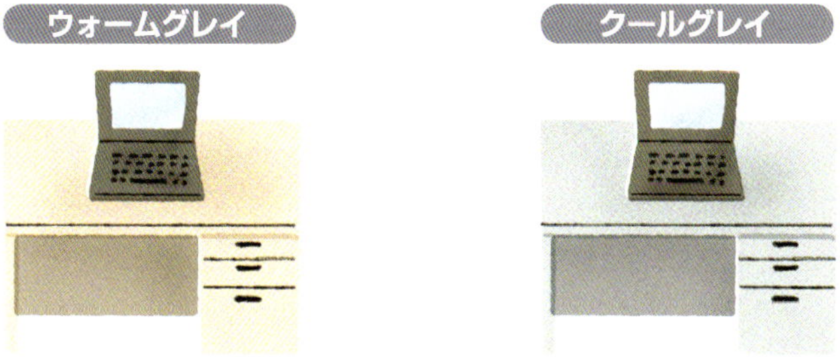

グレイのものを身近に置くものに使うときは、暖かみのあるウォームグレイを選ぼう。

黒 black

闇から派生して、恐怖、悪魔の色という負のイメージと同時に、強さを象徴する色である。現代はファッションの色としても定着している。

黒の基本的な情報

色名について

黒土、煤《すす》、植物のタンニンなど身近な顔料、染料で出せる黒は、ほとんどの文化では身分の低い者の色だった。

奈良時代、クヌギの実のドングリで染めた「橡《つるばみ》」は、農民の色である。同じ黒でも、艶《つや》と深みがある美しい黒を作るには技術が必要で、その技術が確立されていく中、平安時代やヨーロッパ中世などの貴族階級の色となっていった。「涅色《くりいろ》」は川底の黒土で染めた色で、黒の語源になったという説もある。

「漆黒《しっこく》」は漆《うるし》塗《ぬ》りのような艶やかな黒で、日本語の黒の中で最も黒い色。他に、象牙《ぞうげ》を焼いて作ったといわれる「アイボリーブラック」、金属色の感覚を持つ「ガンメタル」などがある。

漆黒は日本の工芸品である漆器の黒。

黒の天然顔料・染料

黒の顔料・染料は、黒土、木や獣の骨などを焼いて生じた煤、油煙《ゆえん》、松煙《しょうえん》などの煤から作られる墨、植物の樹皮や実に含まれるタンニンなどが主なものである。

黒の一般的なイメージ

強さ、恐怖、孤独、反抗、暗さ、クール、威圧的《いあつてき》、邪悪、不吉、悲しみ、高級感、シック、カッコいい、フォーマル、絶望感、夜、闇、葬儀、死、殺人、ファッション

闇と死の恐怖、負の力の象徴

光の白と対をなす黒は、**闇**《やみ》の象徴だ。気だるく睡魔《すいま》に襲われる夜。太古では、真っ暗な闇の中で、夜行性の動物に襲われ、またどこかに転落し、多くが命を失っただろう。夜の色である黒は、人間にとって死に直結する**恐怖**の色だった。

日中の陰の黒には、別の意味がある。敵に追われて逃げ込む物陰や洞窟《どうくつ》の黒は、その懐《ふところ》に飛び込んだ者を庇護《ひご》する色だ。黒に身を預け一体化するなら、強大なパワーを与えてくれると人は信じただろう。神に対峙《たいじ》するサタンや地獄の色のように、力を得ようとする人々にとって崇拝に値する黒。これも世界に共通したイメージである。

夜の闇の色である黒は恐怖の色。一方、昼間の影の色である黒は、人間を守ってくれる色でもあった。

恐怖や**死**、そして強大な**負の力**の象徴が黒の基本だ。

黒と古代の各地域、宗教との結びつき

古代エジプトでは黒は**生命**や**再生**の色で、死者を導くアヌビス神は黒で表されている。また黒の強さは**魔よけ**として用いられたが、黒のアイラインは魔よけだけではなく、涙腺を刺激することで、砂漠では眼炎を予防する効果もあった。

キリスト教での黒は、美徳とされる簡素で謙虚さを表す色として、また罪を悔い改め再生する色として、修道士にふさわしい色だった。しかし同時に恐ろしい悪魔の色で、黒はすべての**不吉さ**を背負うイメージでもある。

日本の仏教では、僧が日常に着用する法衣《ほうえ》の色だ。何にも染まらない不動の色とされ、仏教に帰依《きえ》した揺るがない心の証、**信仰の深さ**の色と考えられている。

「玄《くろ》」は奥が深くてよく見えない、暗くてわからないようすを表すとされ、「玄人《くろうと》」も奥の深さを極めた人物という意味で、それは悟りの境地ともいえる。

神の前で穢《けが》れない状態でいる白、帰依した心を絶対とする黒。完全を求めるという意味ではどちらも同じで、世界の各宗教でも同様のイメージがあるようだ。

僧侶の法衣の黒は、仏教への信仰心の深さの証とされる。

フォーマルな装いの色へ

一方、黒の**高級感**や**フォーマル**としての地位は歴史と染色技術が作ってきた。

どの文化でも、汚れた衣服や安価な染料で染める暗い色は、身分の低い者が身につける色だった。しかし14世紀後半のヨーロッパで、深みのある美しい黒を高級な繊維に染める技術が得られ、黒は大流行した。パーティーなどで着用されはじめ、貴族のための黒、今のフォーマルな装いにつながる黒が誕生したのだ。

日本でも、濃い色が地位の高さを示す平安時代に、貴族たちが色の濃さを競い合った結果、現代のオフブラックのような暗色が宮中にあふれた。平安中期の一条天皇の時代には、官位を表す位階色《いかいしょく》の上位が黒となっている。黒は手間と技術を極めた高級な色となったのだ。

位階色の変遷

〈飛鳥時代—冠位十二階〉

紫	青	赤	黄	白	黒

〈飛鳥時代末〜平安前期〉

紫	緋	緑	縹	黄

〈平安時代中期〉

黒	緋	縹	黄

高 ← 官位等級 → 低

こうして東西とも、貴族の嗜好《しこう》に見合う美しい黒の登場により、公の場に着ていく衣装の色として定着していった。

ところで日本では喪服に黒を着用する。この喪服の色は、灰色や白の時代を経て、最終的に黒となった。明治時代に西洋文化を導入したためだ。結婚式のようなハレの日でも黒いドレスを着ることがあるのは、江戸時代から黒留袖《くろとめそで》が既婚女性の正装だった影響によるのだ。

ファッションにおける黒

もともと黒は闇の恐怖の色だ。しかし時代が変わって電力による照明で本当の闇を体験しなくなると、闇本来の怖さは忘れられ、闇が持つ強さにあこがれ、黒に同化する時代が訪れることになる。

特に1980年代から、音楽やファッ

「黒」という言葉が持つ意味

すべての民族には白、黒、赤に相当する基本色彩語(63ページ)があるといわれるが、日本語の黒は「暗し」という言葉から来ているとする説が多い。音読みの「コク」は「ボク(暮)」で、暗闇の意味といわれ、中国の古い辞書には、黒が暗闇の色の意味や、火でいぶした色の意味などと記されている。

黒と方角の関係

陰陽五行	**北**を示す色
南米の古代文明アステカ	**北**を示す色
マヤ文明、インドなど	**西**を表す色

黒は、うす暗く寒い北か、日が沈む方向で西の色とする文化が多い。

ション界で、黒は**強さ**と**カッコよさ**の象徴になる。この時代、日本人デザイナーが発信した黒のファッションは、全世界を驚かせたといわれる。その後、全身黒づくめのファッションが「カラス族」と呼ばれ流行したことを考えても、日本では全体的に黒を好む女性が多い。もともと艶《つや》やかな黒髪が美の象徴となるアジア人にとって、黒は西洋よりも美しさを感じる、身近な色なのかもしれない。

現在、黒は洗練された**おしゃれ**、**クール**で**カッコイイ**というイメージがある。しかしそのかたわら、映画のタイトルにもなった「ブラック会社」はネット上のスラングで、「恐ろしく過酷な労働条件を強い、労働法に抵触する可能性がある企業」の意味だ。人に対しても人格がよくない相手を「黒い」と表現するなど、黒のネガティブなイメージは引き続き若い世代にも残っていることがわかる。

日常生活での黒の使い方

黒のイメージが役立つとき

黒は、突破できないような強靭《きょうじん》さや重さを心理的に感じさせる。イメージ療法の「ブラックボックス」でも、こうした黒のイメージが役立っているわけだ。防弾服の黒、戦車の黒も、見た目に強靭さをアピールし、自己暗示としても役立つといえる。

黒は、断りたいことがあるとき、自信のないときに着ると、気持ちを支えてくれる。

自分を守り支えてくれる色

黒を着る人の気持ちを一概に言い当てることはできないが、黒を意図して利用することは可能だろう。たとえば、どうしても断りたいことがある、自信がないのにやらなければいけないことがある。そんなとき、心を支える色として黒が役立つだろう。不安なときには黒い服を着て気持ちを引き締め、外に向けては防御する鎧《よろい》のような色の使い方ができるのだ。

ずっと黒を身に着けていたある女性は、周囲への怒りを乗り越えたとき、定番だった黒を脱ぎ捨てた。そして明るい色を身につけ、気持ちが軽くなったと語った。この女性にとって、それまでの黒は、外へ怒りが爆発しないよう抑制する色であり、外の不条理から自分を守る色でもあったのだ。明るい気持ちになれたとき黒の服では重すぎると感じ、その心の変化がそのまま服装に表れたのだ。

虹色 rainbow

自然現象であり、いくつもの色を見ることができる虹は、「虹色」という１つの色の世界観としてイメージされ、とらえることができる。

虹色の基本的な情報

虹を構成する色

ニュートンは虹を７色としたが、色の境が明快ではないので、色数は６色、５色など国によって異なる。日本では、明治時代に「虹は７色」と教育したのが始まりといわれている。色の順番は赤から始まり、橙《だいだい》、黄、緑、青、藍《あい》、菫《すみれ》（紫）だが、白や黒を数える文化もある。

また中国をはじめとした世界各地で、虹を蛇や龍《りゅう》とする神話があり、不思議で偉大な力を持つと考えられている。

赤　橙　黄　緑　青　藍　菫

虹色の一般的なイメージ

希望、夢、平和、幸せ、幸運、清らか、理想郷、架け橋、明るい、おとぎの国、儚《はかな》さ、七色

光の中にあるすべてが見える夢と希望の色

すでに２章で見たように、太陽などの白い光は、たくさんの波《は》長《ちょう》によって構成されている。この波長が人に色を感じさせるのだが、すべての波長がそろうと、人は白い光と感じる。

つまり虹色は、白い光の中にあるすべてが色として見えた状態なのだ。

たくさんの色が並んでいると、「すべてがある」というイメージになり、人は**夢**や**希望**、**幸運**など満ち足りた印象を持つようだ。

また空に架かりすぐに消滅してしまう虹の存在は、古代人にも不思議で、キリスト教では**神からのメッセージ**とされる。そのため、教会のステンドグラスは虹を模したのだ。

子どもの絵に表れる虹の意味

病気の子どもの絵に虹が登場するとき、その意味を２つに解釈する海外の研究者がいる。

１つは全体が統合され「完成された象徴」と考えた「病気の回復」、もう１つは「死」である。実際に治療者との深い関係性の中で表現された場合には、どちらかの形で登場することが多いといい、回復も死も、ともに「**完成**」を意味しているというのだ。

教会のステンドグラスは神からのメッセージである虹を模している。

日本では、両親などとの別離や追憶を表すとする説もある。失ったものを懐かしみ、回復したいという望みを表しているといわれる。

日常生活での虹の使い方

虹を眺めて生じる気持ち

幸福を強く願う子どもが虹を何度も描くことがある。またドラッグ体験で生まれたというサイケデリック色が虹のような煌《きら》めきを持つのは、人工的な至福体験で、実際に虹色を見るからだという。虹のようなさまざまな色の光を眺めていると、不思議で満ち足りた気持ちが生じるのは、古代も現代も同じだろう。

実際に虹を作ってみる

さて、瞑想《めいそう》による人への影響を科学的に実証しようという動きが近年では盛んだ。ストレスによる細胞への障害では、瞑想が遺伝子レベルでよい影響を与えるという報告がされるなど、現代社会での期待は大きい。ただ無心の瞑想は素人《しろうと》には難しい。ヨガではロウソクの炎を見つめる瞑想がある。応用方法として、虹の色を見ながら静かにぼんやりすることなら私たちにもできそうだ。

シャワーで虹を作ったり、窓辺に吊るしたクリスタルから生まれる虹色を楽しんだりするのもいい。ゆらゆら動くさまざまな光を見つめていると、不思議と何も考えない時間を持てるだろう。

虹を作ってただ静かに眺めてみよう。

第5章

暮らしに役立つ色彩術

色が人の心にどのような影響を与えるかについては、まだ科学的に十分な解明はされていない。しかしさまざまな実験や研究から報告されている色の効果や影響は、ビジネスにおける経営戦略やマーケティング手法、イメージ戦略として、コーポレートカラー、店舗や住居の内装、病院や学校などの建物の色、高齢化社会に対応した色の配慮など、実際にさまざまな場面で活用されている。また、私たちの日常生活においても、インテリアやファッションのカラーコーディネートなどに活用することができる。

本章では、そのようなさまざまな場面における色の効果の使い方や使われ方、色にまつわる研究などを紹介する。

色の好みに影響を与えるもの

色の好みの違いについては、地域説、民俗説、環境説のほか、年代や性差によるものなど、さまざまな説がある。

地域によって異なる好み

関東は青系、関西は赤系が好き!?

色の好みで性格がわかると考える人もいるが、色の嗜好《しこう》差についてはさまざまな研究があり、結果としてそれらが複雑に絡み合っている。さらに個人の色の好みは気分や時期によって異なるため、一時の好みだけで性格がどうだとは言い難い。しかし、地域や文化の差が色の好みに影響するといった面白い報告がたくさんあるので、ここで少し紹介しておこう。

昔から関東と関西では色の好みが違うといわれる。ファッションでは、同じブランドでも東京と大阪で売れ筋商品の色の動きは異なるようだ。

たとえば、日本の伝統色である「江戸紫」と「京紫」では、江戸紫が青みの紫、京紫が赤みの紫となっている。この色名になった理由は諸説あるので一概にはいえないが、一般的には紫の違いが示すように、東京はクールな**青系の色**を好み、大阪はウォームな**赤系の色**を好むと古くからされている。

この差について嗜好の研究では、各地域の気候や日照時間などが色の嗜好に影響するという説があり、日本でも海外の研究者でも同様の見解が述べられているのは興味深い。

特に注目されるのが、太陽光との関係

江戸紫と京紫

江戸紫
（えどむらさき）

江戸時代に武蔵野地方で紫の染料、紫草《むらさきぐさ》の栽培が盛んになり、その根で染めた青みの紫が流行した。この紫が京都の伝統的な「京紫」に対抗して「江戸紫」と呼ばれるようになったという説がある。また、「古代紫《こだいむらさき》」と区別して「今紫《いまむらさき》」と呼ばれることもあった。

京紫
（きょうむらさき）

京都には秘伝の紫染めを継承する紫師がいたといわれ、紫師が染めた古典的なくすんだ赤みの紫のことで、「古代紫」とも呼んだ。染料は基本的に江戸紫と同じ紫草の根とされる。

だ。照射時間のほか、光の強さや性質は空気の影響を受ける。そのため空気の透明度に関わる、気温や気圧、湿度、季節変化などが影響するという説だ。

受ける太陽光の色の違いが原因?

太陽光ということでは、佐藤邦夫による、日本の各地域の気候を比較して嗜好色を調べた研究がある。それによると、関東の東京は短波長《たんはちょう》（青の領域）の光を受ける頻度が高く、紺やネイビー、サックスブルーなど、**寒色系**の色が好まれる。これに対して関西の大阪は長波長（赤の領域）の光を中心に受け、夏は特に強い光となることが特徴で、赤やオレンジ、ワインレッドなど、**暖色系**の色が好まれるとしている。

それぞれの受ける光の波長に合った色のほうが美しく見えるため、その色が好まれる傾向となるのだという。佐藤は「冴えた赤を購入する大阪の女性は、東京の３倍に達することもある」と述べており、実際に関東と関西の色の好みは異なるようだ。ちなみに、金の鯱鉾《しゃちほこ》とお嬢様文化で有名な名古屋は、気候風土からいってもゴールド嗜好地帯に入るのだという。

日本の各地域の嗜好色の傾向

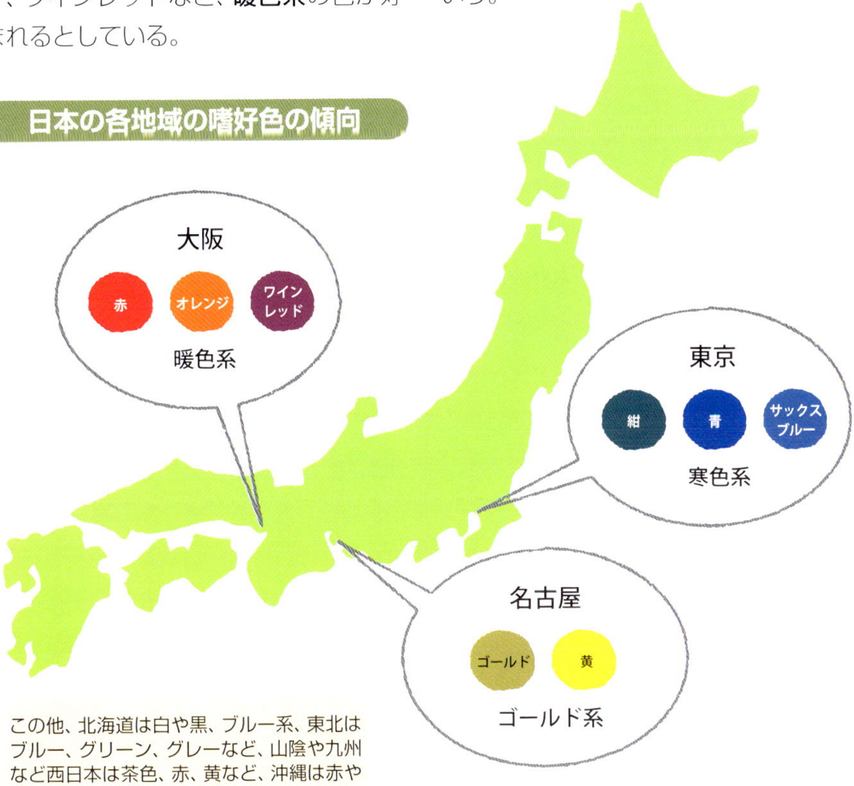
大阪
赤
オレンジ
ワインレッド
暖色系
東京
紺
青
サックスブルー
寒色系
名古屋
ゴールド
黄
ゴールド系

この他、北海道は白や黒、ブルー系、東北はブルー、グリーン、グレーなど、山陰や九州など西日本は茶色、赤、黄など、沖縄は赤やスカイブルーなどを挙げている。

文化や人種、環境が与える影響

地域説につながる民族説

人種による嗜好《しこう》の研究もある。それは地域説ともつながり、人間種はその気候風土で進化し分岐してきたため、**瞳の色**の違いによって色をとらえる感度差が生じ、嗜好にも影響するという発想だ。その差は、瞳の色だけでなく、肌や髪の色にも関係するという。

これは民族説、見方によっては環境説ともいえ、アメリカの色彩学者たちが強調している説だ。

たとえば日当たりのよい地域では、はっきりした派手な色で**暖色系**を好む傾向があり、反対に曇りがちな地域では、淡くグレイッシュな色で**寒色系**が好まれる傾向にあるという。これを地域とつながった人種に置き換えると、イタリアなどを代表とするラテン系民族は暖色嗜好で、性格的には刺激や興奮を好む外向的タイプ。金髪碧眼《きんぱつへきがん》の北欧系民族は寒色嗜好で、落ち着いて保守的な内向的タイプとなる。

環境に順応して変化してきた人種は、人格にも共通した部分が生じ、色の嗜好にも関わってくるというもので、文化や芸術を見ると否定はできない。しかし各国の好みの色では、鮮やかな青がトップになることが多いため、一概にいえないことがわかるだろう。

各国の色の好み

各国間の色彩嗜好（柳瀬,斉藤,1987）による多くの人に好まれる色

※色はイメージ

	日本	デンマーク	パプアニューギニア	オーストラリア	アメリカ	ドイツ
1	白	あざやかな青	あざやかな青	あざやかな青	あざやかな青	あざやかな青
2	あざやかな青	あざやかな赤	あざやかな黄	あざやかな黄	あざやかな赤	あざやかな黄
3	明るい青	こい青	うすい空色	あざやかな赤	茶色	あざやかな橙

出典：柳瀬徹夫（1987）.色彩心理分析の状況,繊維学会誌「繊維と工業」Vol.43,No.5,P168-177

貴族の好む色と武士の好む色

色の嗜好に日本の文化的背景を強調する研究もある。

日本には、西の貴族文化から発達した、繊細で洗練された「雅《みやび》」さを好む文化がある。華やかな色調や微妙な配色であり、平安時代に通じる美意識だ。

これに対し、東の農耕と武芸の中で発達した武士文化の「剛直《ごうちょく》」さを好む気風もある。色調も配色も明快で、紺などの青系や緑といった男性的な色合いが多く、鎌倉時代に通じる。

これは源平合戦《げんぺいかっせん》の旗が、東の源氏が白、西の平家が赤だったことにも象徴される。先に述べた関東、関西の気候から違いが生じたといわれる色の嗜好とも重なり、さまざまな可能性を示唆《しさ》するといえよう。

欧米で生まれた環境説

アメリカの色彩学者L.チェスキンは、「教養があって、自分の感情上の要求を満たす手段を得ており、物資的余裕がある人」は、一般に柔らかい中間色を好み、反対に「無教養のため、自分の感情上の欲求を満たす手段を持たず、貧困のために娯楽などのはけ口がないなどの人」は、一般に原色など虹の色に対する強い興味を示すと述べている。

教養と無教養をどのように定義するかは問題だが、別の視点から考えると次のようにも想定できる。前者を「思考が優位で、感情コントロールができる程度にゆとりのある人」、後者を「生活にゆとりがないため不満が強く、感情のコントロールがしづらい状態で反射的行動に出やすい人」と設定するのだ。

すると、前者は、弱い刺激でも反応できる安定した感覚状態なので、色も柔らかな刺激で満足し、後者は、その不安定な感情に働きかけるにはより強い刺激が必要となり、原色を嗜好すると考えることができる。それならば、多少なりとも言い当てることができるかもしれない。

年齢や性差によって生じる違い

子ども、成人、年配者の好みの傾向

年齢や男女差の研究も各国で行なわれている。

C.W.バレンタインの研究では、生後6カ月の乳児は黄（白）、ピンク、赤、橙《だいだい》の順で好むが、成人では青、赤、緑、白の順になり、年齢とともに暖色から寒色傾向へ変化するとしている。

日本では色彩の心理を研究している千々岩英彰が、幼児（5～6歳児）は**純色**を好む傾向があり、それが特に女児に見られると述べている。また、男児は青や緑、黒を、女児は赤紫、赤を好み、男女に共通して黄、橙、ピンクが好まれると述べている。成長とともに男女差は小さくなり、50歳前後の年配者では、純色よりも、**明るく淡い色**を嗜好《しこう》する人が増えるとも報告している。強い刺激でなくとも満足できる年代なのだろう。

男性は暗く濃い色、女性は明るく淡い色

成人については、世界的に不動なのが**青**や**赤**が好まれることだ。また、日本ではこれに**黒**や**白**といった無彩色が加わることもある。

一般に女性は**淡く明るい色**を、男性は**暗く濃い色**を好むというのも、だいたい世界的に共通する。

2008年、イギリスのニューカッスル大学の神経科学者のチームが、男女を対象に実験を行ない、男性は青系、女性はピンク系の色に惹《ひ》かれやすいという結果を発表した。

一般によくいわれる幼児と成人の嗜好色の順位

※色はイメージ

幼児の嗜好順位

1位	2位	3位	4位	5位	6位	7位	8位
黄	白	ピンク	赤	橙	青	緑	菫

成人の嗜好順位

1位	2位	3位	4位	5位	6位	7位	8位
青	赤	緑	白	ピンク	菫	橙	黄

流行色は２年前に作られる？

流行色が発表されるまで

24カ月～ 18カ月前

インターカラー（国際流行色委員会、加盟国は 14カ国：2009年現在）による、春夏、秋冬の流行色が年２回の会議で選定される。日本の参加機関は（財）日本ファッション協会流行色情報センター（JAFCA）。

18カ月～ 12カ月前

民間団体や情報会社がファッションなどのカラートレンド情報を発信。テキスタイルなどのトレンド情報も発信。ヨーロッパを中心に素材展の開催。

12カ月～ 6カ月前

国内の各メーカーによるファッショントレンドの発表。業界誌、業界新聞などでの発表。

6カ月前～実シーズン

アパレル展示会やデザイナーズコレクションの開催。ファッション誌や一般誌などで発表。

流行の色が人々の嗜好色を左右することもある。しかし流行色は世界的に誘導され作られているという面もある。

流行色の選定は、上の図のような流れで実シーズンの２年前から始まる。

この２年の間に、よほど大きな世界的、社会的変化がなければ、全体の流行色の方向はあまり変わらない。しかし戦争やテロ、自然災害など、人々の感情に影響を及ぼす大きな出来事があると変化する。ただ選定される色は１色ではなく、いくつかのテーマやグループとして選択されるので、幅広い国、状況、層に受け入れやすい形で考えられている。

その理由として、人類が進化する過程で男性が狩猟、女性が果実などを採取することから、女性は果実の色に敏感に反応したためではないかとしている。理由については反論もあり検討が必要だろうが、男女の色の嗜好に差が出たことは事実である。

この他にも、仕かけなくても流行の色、つまり社会的な色の嗜好は周期的に巡っているという研究があるなど、色の好き嫌いにはさまざまな要因が関わっているといえる。

また、地域差や男女差が縮まりつつある現在では、色の嗜好差が生じにくくなっているとも考えられるだろう。複雑な心の動きを、さらに複雑になった現代社会で簡単に解明することはなかなか難しいのだ。

ファッションの色が与える印象

映画やドラマにおいてファッションの色はメッセージを伝える小道具となる。私たちのファッションの色も人の印象に影響を与えている。

映画の衣装の色からわかること

欧米映画の衣装の緑による演出

映画では、宗教や風俗のように、その国の文化を理解していると、より楽しめる内容がある。それは色に関しても同様で、その1つに**緑**の演出が挙げられる。

欧米における緑のイメージは、前章でも触れたように、日本とまったく異なる部分がある。たとえば映画の主人公となった、ロビンフッド、ピーターパン、ハルク、シュレック。

ロビンフッドやピーターパンの衣装は緑と相場が決まっている。それはつかみどころがない**不思議さ**、自然のように**人の支配を拒む力**の象徴になっていることがわかる。

またハルクやシュレックは、体が緑の異形の者で、ここに**怪物は緑**という伝統が見られる。この緑には、時には**不吉で怪しいもの**、時には**思わぬ運命**の象徴という意味があるのだ。

こうしたことから、女性が緑の衣装で登場するのは、不思議な運命に翻弄《ほんろう》される人生や、男性を翻弄する女性というイメージが多い。最近では映画「ブーリン家の姉妹」のアンがそれにあたる。王を翻弄し、自分自身も運命をつかみきれなかったヒロインといえ、映画のポスターにも登場する艶《あで》やかな緑の衣装が、主人公の人生を暗示している。

悪役を象徴する衣装の色の変化

悪のイメージは、夜や闇の恐怖から、長い間、**黒**と決まっていた。

ところが時代が変わり、悪の象徴と並行して、今や黒は**ヒーロー**、**ヒロイン**の色である。「バットマン」「マトリックス」など、主人公がとてつもなくカッコよくて強い、そして衣装が黒という特徴が、現代共通のクールさなのだ。だが、黒が一貫した悪役の象徴にならないことで、演出にある変化と問題が生じている。

黒でなければ、何色にするかということで、正反対という意味を担《にな》い「**白い悪役**」が登場した。たとえば「マトリックス・リローデッド」「トゥモロー・ネバー・ダイ」「ブレイド2」などがそれにあたる。しかし、これらの悪役の白の描かれ方が、病気を連想させる演出だったため、問題になり抗議活動も引き起こした。

緑を身にまとう主人公の運命は？

「ブーリン家の姉妹」DVDのジャケット写真／主人公アンを演じたのはナタリー・ポートマン（右）。写真の衣装は、国王ヘンリー８世に振り向かれず失意の底にいたアンが、再びチャンスを得て王の前に登場するシーンで着ていた緑のドレス。この重要なシーンでの緑は、美しさに賭ける運命の絶頂と、その後の恐ろしい結末を暗示しているといえる。

「ブーリン家の姉妹」DVD ￥3,990（税込）発売中
発売元：ブロードメディア・スタジオ

黒はヒーローの色？　悪役の色？

「マトリックス 特別版」DVDのジャケット写真／「マトリックス」シリーズでは、主人公キアヌ・リーブス（中央）らが黒のファッションで、コンピューターによって創られた仮想現実空間マトリックスと現実世界を行き来し、人類を救うための戦いを繰り広げる。第２作「マトリックス　リローデッド」では、黒の悪役に加え白の悪役が登場し、強いインパクトを与えた。

「マトリックス 特別版」DVD ￥1,500（税込）発売中
発売元：ワーナー・ホーム・ビデオ

　この白、黒の逆転に次ぐ逆転劇。色の成り立ちを考えると無理もない。人を支配する明暗環境の体験から生じ、神や悪魔と結びつき変化してきたからだ。

　恐らく今後も白が正義、黒が悪、黒のヒーロー、対峙《たいじ》する白という表現は続き、これらが入り混じって使われるのだろう。正しさは強いという期待がある限り、この２色が背負わされる運命は変わらないのだ。

日常のファッションの色の印象

モテる服の色はあるのか？

映画、ドラマのファッションは、おしゃれというだけでなく、登場人物の設定をより確かに伝える小道具として、意図的に考えられていることが多い。

たとえば、2009年に公開された映画「ゼロの焦点」では、主人公の禎子が、初々しいイメージから経験を経て変化していくようすを、キャメルのような明るい色から暗いグレーへ、また素材も柔らかなものから硬い生地質に変えることで演出していたという。

柔らかく明るい色で若やいだ印象に、硬く暗い色で大人びた印象になることを、私たちは無意識に理解し受け取っている。映画やドラマのような映像の中で素早く人物像を伝えるために、ファッションの色は大事な要因の1つだ。これは日常にもいえるだろう。

そこで、日常の服の色についても考えてみよう。まず、誰もが気になる「モテる服の色」はあるのだろうか。

実は、若い男性をターゲットにした実験をアメリカのロチェスター大学の研究チームが行ない、2008年に結果を発表している。これによると、研究チームは、いろいろな色の服と人物の組み合わせで女性の写真を見せた結果、若い男性は、女性が**赤**を着るとその色に反応し影響されるという結論を出した。赤という色と性的魅力は関係すると考えたのだ。

男性は赤い服の女性が好き？——ロチェスター大学の実験内容

背景の色を変えると…

魅力的な女性の、背景だけを赤、白、灰色、緑に変えて映した写真を、
被験者の若い男性に見せ、どれが一番魅力的に感じるかを答えてもらう。

結果

①の赤の背景で一番魅力的に感じるという回答が最も多かった。

赤は男性へのアプローチに効く色？

ニホンザルの顔や尻は赤いが、発情期になるとより鮮やかな赤になる。メスの赤みの増した尻は妊娠可能の合図となる。

研究チームは、赤と性的魅力の関係について生物学的根拠があるとしている。その例として、霊長類のメスは排卵期が近づくと尻など体の一部に赤みが増し、オスはこの色に引き寄せられることを挙げ、赤の服に反応する男性たちは、霊長類のオスとして、本能的に同様の心理的反応が起きたとしているのだ。

霊長類のメスに見られる色の変化は、妊娠可能という合図になる。オスは妊娠可能なメスに発情する傾向が強いことも確認されているため、実験結果を若い男性の本能的行動と考えるのは可能かもしれない。

確かに、以前から赤が男性ホルモンの活性化を図るといわれてきた。たとえば、和装の下に着用する女性の長襦袢《ながじゅばん》は、紅花《べにはな》で赤く染められた。これは、紅花が婦人病などに効果があるといわれるためだが、同時に男性へのアプローチに効くという話もあり、実験報告はそれを実証するような結果となったわけだ。

赤の服と青い服で比べると…

①

②

実際はこれらの実験を含め、5種類の実験が行なわれている。

※①、②の女性の図はイメージ

同じ女性の、赤いシャツを着た写真と青いシャツを着た写真を見せ、どちらをデートに誘いたいと思うか答えてもらう。

結果

①の赤いシャツの女性をデートに誘いたいという回答が多かった。

服の色が印象を演出

色を日常で役立てるといって思い浮かぶのは、やはりファッションだろう。特に女性の服装は、制約が少ない分だけ、色の選択に困ることがあるかもしれない。

映画の演出の話でも触れたように、洋服の色で印象をさりげなく操作することは可能といえる。注意すべき点は、色みが強いと、その色が持つポジティブなイメージもネガティブなイメージも伝わりやすくなるということだ。

たとえばピンクでは、ポジティブなイメージなら可愛らしさだが、ネガティブなイメージでは幼すぎる、つまりわがままな印象を与えかねない。使い方が難しいと思うときは、暖色も寒色も淡い色にすると、そのイメージが緩和され、当たり障りのない印象を作るといえよう。

一般的に、暖色は暖かさから、**親しみやすさ、女性らしさ**などの印象を与えやすく、寒色はクールさから、**真面目さ、冷静さ**などの印象が伝わりやすい。中間色の緑は自然を連想させるが、濃い色で配色すると意外に個性的な演出ができる。また、淡い緑に淡い暖色系を配色すると、**安心感**や**ナチュラルさ**が演出できる。

ビジネスマンの色使いは、政治の世界が参考になる。

たとえば、プレゼンテーションならば、政治家の誰もが使う、パワータイといわれる赤系のタイだ。日本の場合は、飛び抜けた強い色よりボルドーなど暗めの赤が好まれているようだ。

ビジネスシーンでのファッションの色

リーダーシップや積極性が求められる日

濃紺など濃い色のスーツ、メリハリ感がある配色、赤い色や、ストライプなど強いラインのデザインを強調したタイのコーディネートを使う。

協調性が必要な日

グレーなどのソフトな色のスーツ、抑えた色や淡い暖色系を取り入れた配色で、小さな柄、細かいストライプなどのデザインが効果的。

女性のファッションの色が与える主なイメージ

赤	派手、かわいい、情熱的、積極的、挑発的、遊び好き、目立ちたがり、強い、活動的
ピンク	かわいい、女の子らしい、ロマンチック、やさしい、幼い、わがまま
橙	明るい、元気、カジュアル、派手、楽しい、積極的、親しみやすい、活動的
茶	落ち着いた、大人っぽい、ナチュラル、安心する、地味、真面目、年寄り
黄	明るい、元気、派手、目立ちたがり、積極的、楽しい、幼い、活動的
緑	ナチュラル、個性的、大人っぽい、やさしい、大人しい
青	知的、落ち着いた、真面目、クール、強い、地味、爽やか
水色	爽やか、静か、やさしい、大人っぽい、清潔、淋しい
紫	古典的、神秘的、大人っぽい、色っぽい、個性的、遊び好き、病的
白	清潔、明るい、真面目、爽やか、目立つ、上品、大人しい
灰	落ち着いた、地味、大人しい、暗い、淋しい、やさしい
黒	おしゃれ、カッコいい、強い、知的、真面目、色っぽい、都会的

※イメージは服装のデザインや使われている面積で変化する。

また爽やかさなら、オバマファッションに倣《なら》い、真っ白なシャツ、ネイビーの地に小紋など柄入りタイ、紺スーツを合わせるのがいいだろう（198ページ）。

かつて補色の配色が好まれ、紺のスーツに黄色系のタイが流行した時代もあった。だが最近はメリハリ感よりも馴染み感が主流になっている。紺スーツなら青系の色でまとめるグラデーションが多いようだ。やさしさが好まれる時代にはそのほうが合うのだろう。

また暗い色のスーツより、グレーなど柔らかい色のスーツが、ソフトな印象を作る際に使いやすい。

選挙に学ぶ色彩戦略

選挙ではビジュアルのイメージがその結果に大きな影響を与えるため、服だけでなく、ポスター、サイトなどのツール類の色が重要になる。

色で選挙を優位にする方法

イメージが選挙の結果を左右する

選挙では、一般の投票者が、各候補者の政治理念やマニフェストを深く理解することは難しい。理解するには専門的な知識が必要となるからだ。そのため、選挙は常にイメージに左右される。

その事例として、アメリカ大統領選挙で、1960年のJ.F.ケネディ対R.ニクソンの戦いという有名な逸話がある。

投票前の討論会会場には、濃紺のスーツを着こなす若々しいケネディと、茶系のスーツであか抜けないニクソンがいた。当時、カラーテレビはなかったが、その雰囲気は十分に伝わったという。この2人のようすをテレビで見た人はケネディを、ラジオで聞いた人はニクソンを多く支持し、その差は明快だった。そして結果は周知の通り、ケネディが当選したのである。このとき、政策ではニクソンに分がありながら、印象が大きく影響したと後に分析されている。

この結果はその後の大統領選挙に大きく影響し、イメージコンサルタントなどが参加して、色使いをはじめとしたビジュアルイメージのコントロールが重要な位置を占めていく。

2006年にアメリカのプリンストン大学の研究チームが発表した、当選者と落選者を比較した研究でも、見た目の印象が投票に影響を及ぼすという結果が出ている。それによると、丸顔など童顔に見えるという容姿までも、有能ではないと判断され落選しやすくなるという。

人々が何を期待するのか、「見栄え」を含めて、どのようにビジュアルでアピールするかが選挙では非常に重要なのだ。視覚情報に頼る人間にとっては、使われる色の効力がイメージを支え、選挙の勝敗のカギを握る可能性も高い。

スーツの色が与える印象の違い

同じデザインのスーツでも、色が異なると印象は異なる。紺系は爽やかな、茶系は落ち着いた印象を与える。

印象を作る服装やポスターの色使い

実は、こうした選挙での色使いは、それほど複雑ではない。

たとえば、やる気やリーダーシップを見せたいときは**赤**。清潔感、若々しさを出したいときは**青**。**紺**は真面目さ、**緑**は安心感、**黒**は確固たる強さを印象として与える。さらに**白**と**青**の組み合わせは爽やかさでは最強といえよう。

日本の選挙ポスターも、候補者のネクタイの色でも、こうした視点で見るとだいたい狙いを理解できる。

選挙ポスターでは、やる気を伝えるための赤か、確固たる強さの黒が多く使用される時期があった。しかし、強い指導者は裏で何をしているかわからないという悪いイメージが出たときは、安心感に訴えようと緑が多く使用され、政治に信頼感が薄れたときは、信頼を高める青が多く使用されるなど、流行のような動きも見られる。

また、ポスターの大きさや、遠くから見て見やすいかどうかなどの条件があるため、純色中心で、多色にならないよう色数を絞るとイメージは明確になる。たとえば女性候補者の、背景と洋服の色、メイクの色などが整理されず色数が多いポスターは、やはり印象が悪い。センスは知性にもつながるため調整が必要だ。

数多くのポスターが並んだ中で目立つこと、埋もれないことも重要な条件だ。全体に青が多い時代には、目立つことを目的とした赤のポスターという戦略意図も見られる。もちろん色だけではなく、色の分量や位置、文字の形や大きさが重要であり、デザインも大切な要素といえよう。

ポスターの色使いが与える印象

リーダーシップ、やる気、情熱

清潔感、若々しさ、爽やかさ、信頼感

安心感、信頼感

確固とした強さ

アメリカ大統領選挙での色彩戦略

オバマの色彩戦略

2008年のアメリカ大統領選挙でのB.オバマの勝利の要因として、ネット・ツールを熟知し活用したことが多く取り上げられた。しかし色の戦略も非常に巧みで、彼のファッションは計算されていたのだ。

まずは褐色の肌と白いシャツ。顔まわりの明度差を作ることで、白が額縁となって彼そのものが印象づけられる。同時に白のイメージを強調することにもなり、清潔感と爽やかさをよりアピールできたのだ。同じ白いシャツを白人が着ても、これほど白の特徴を強調することはできないだろう。

そして、ダークカラーのネクタイやジャケットで肌の暗さとのバランスが取れていた。ジャケットの濃い色は安定感、堅実さの印象を与え、ネクタイに青系の濃い色を使うときは白とのコントラストで若々しさや知性など、彼の長所が打ち出されていた。

加えて討論会では、相手によってネクタイの色を調整していた。熱く語ったほうが優位な場合は赤、謙虚さや若さ、冷静さを売りにしたいときは青と、見事に使い分けていたのだ。

オバマの服装の色使い

2008年アメリカ大統領選で演説を行なう民主党のオバマ上院議員（当時）。どちらもダークカラーのジャケットで肌の色とのバランスを取るとともに、安定感や堅実さの印象を与えている。また、赤のネクタイはやる気や情熱を、青のネクタイは清潔感や若々しさ、謙虚さなどが感じられる。

写真提供：ロイター＝共同

ヒラリー・クリントンの戦略

第67代アメリカ合衆国国務長官となったヒラリー・クリントンは、素朴な印象だった学生時代とは打って変わり、政界に登場して以来、魅力と強さを備えた女性として、そのイメージ作りも大きく変化した。

ビジュアル戦略は、妻の立場だった時代には暖色系が多かったようだが、自身が政治家として活躍するようになると、特に寒色系を中心としたコーディネートが多くなる。瞳の明るい青が映えるように、顔まわりに配したストールやアクセサリー、ジャケット、インナーには青が意識して使われる。瞳とまったく同色の明るい青のスーツのほか、厳しい状況下では濃紺、黒、強くインパクトを与えるときは真っ赤なスーツと、彼女の知的さ、冷静さ、また強さを意図しての戦略だろう。

髪の色に合わせた黄色やクリーム系のスーツも多いが、これもまた青にとって反対の色、補色として青を引き立てる。つまりは彼女の瞳の色を引き立てる役割を果たしており、柔らかい雰囲気も醸《かも》し出せて、一石二鳥といった印象だ。

2008年アメリカ大統領選、集会で支援者にあいさつするクリントン上院議員（当時）。スーツの色は瞳と同じ明るいブルー。右はクリントン前大統領。

写真提供：ロイター＝共同

ツールの色は統一してブレないイメージを演出

アメリカ民主党のシンボルカラーは青だが、オバマは青の中でも、世界中の人から愛されるウルトラマリンブルーという濃い青をすべてに使って統一している。公式サイト、ポスターやタグ、チラシまでウルトラマリンブルーで統一し、白と組み合わせ、信頼と若々しさのイメージで固めていた。

これに対してJ.マケインは、会場の垂れ幕に共和党のシンボルカラーの赤を使ったり、時に他の色を使用したりするなど迷走が見られた。ファッションは、年齢を重ねてたっぷりした容姿に赤のネクタイを締め、これまでの政治家のイメージそのままで新しさがなかった。公式サイトもビジネス的なデザインで、オバマとは対照的だった。

振り返ると、2008年のアメリカ大統領選挙は、新しいアメリカを熱望した若者が相当、動いたといわれている。オバマはこうした期待にイメージで応えたのだ。最新の技術と洗練された色使いで戦った彼のビジュアル戦略は、今後の選挙に影響を与えるといえるだろう。

企業のイメージ戦略

看板やロゴ、制服などから私たちは企業のイメージを受け取っている。それらの色やデザインは重要な企業戦略となるのだ。

色使いで企業をアピールする方法

CIはマーケティング手法の1つ

コカコーラ(清涼飲料水)、マクドナルド(ファーストフード)。この社名を聞いて、多くの人はすぐにそのロゴ(デザインされた文字)やマークを思い浮かべ、同時に色も思い浮かべることができるだろう。コカコーラは赤い文字、マクドナルドは黄色のゴールデンアーチと呼ばれるロゴだ。

マークなどが人々の印象に深く残り、その企業イメージが思い浮かべられるようにする戦略は、「**CI(コーポレート・アイデンティティ)**」と呼ばれる。簡単にいうと、企業理念をアピールするべく、ビジュアルイメージなどの統一を含め、社内外へ働きかけるマーケティング手法だ。

日本でCIが実践されるようになったのは、1970年代に入ってからと新しい。今でこそ当たり前に行なわれているが、それまでは戦略として全体を統一、共有し、細かく管理することはされていなかった。アメリカが1930年代から実践してきたCIを、70年代に日本で大手企業が導入しはじめたといわれる。

マクドナルドのロゴと背景の色

消費者に深く浸透しているロゴやマークはブランドの顔であり、デザインはもちろん色もイメージに深く関与する。ロイター通信によると、2009年11月、マクドナルドのドイツ法人は、環境に配慮する姿勢を示すため、あの世界的に有名な黄色のロゴの背景の色を、伝統の赤から緑に変更した。日本でも、景観保護条例で背景を茶色にしている地域がある。

世界的なファーストフードチェーンの王者は、こうした国や時代に対して、最も重要でありイメージを伝えやすいロゴにまつわる色を、柔軟に変化させてメッセージを伝える戦略を持っているのだ。

マクドナルド社のロゴと、景観に配慮した京都の七条京阪店の店舗。

CIとはどのようなもの？

CIとは企業理念を再認識、再構築し、社内外にアピールするべく、ビジュアルを含めたイメージの整理、統一、差別化と社内教育で企業内での一体感を高めるマーケティング手法。

使用する企業名やブランド名の統一

ロゴのデザインや色彩の統一

企業理念を明快にしたキャッチコピーを掲げる

社内的には社員の教育と意識改革

企業理念やイメージを伝える色を設定し、それはコーポレート・カラーと呼ばれる。ロゴ、マークのデザイン、広告や印刷物、店舗のインテリア、制服まで、あらゆるものに関連するので、その影響は大きい。ビジュアルのみの展開はビジュアル・アイデンティティ（VI）と呼ばれる。

マークを変更しただけでも知名度が上がり、イメージアップにつながった例もある。

CIの色使いによる効果

一般的に、好ましくて親しみやすいイメージは業績に大きな影響を与える。そうした効果のあるロゴやマークは、デザインはもちろん、どのような色を使うかによって、ノンバーバル（非言語的）でありながらインパクトが大きく、人の記憶に深く入り込む最も効率のよいメッセージになる。

アメリカでは、色の効果を治療やセラピーに使うほか、こうしたマーケティング分野での活用に力を入れてきた。広告はもちろん、商品やパッケージ、封筒や紙袋、店舗や制服などの色で、どうしたら人々にアピールでき、愛されるか、その効果を上げようとしてきたのだ。

たとえば、図のように単なる円を赤と青で並べると、そのイメージが異なるのはすぐにわかるだろう。それがさらに、形を変えるとイメージも変わる。つまり大きさが同じくらいであっても、また色が同じであっても、形を変えて別のイメージを作ることができるのだ。

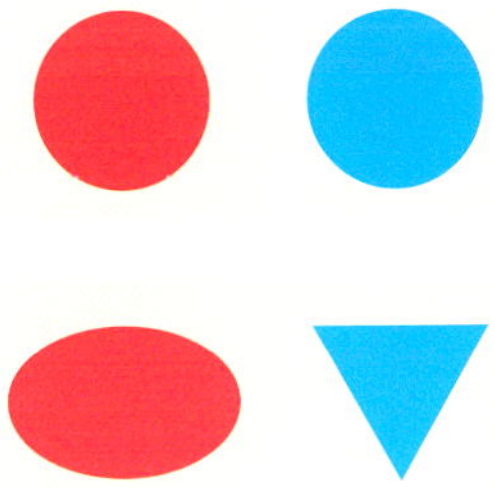

同じ形でも色が違うとイメージが異なる。

形が違うとさらにイメージは異なる。

こうしてCI計画の中のビジュアルは、打ち出した経営理念を、どのように色と形で伝えるか、心理的効果を考慮して作っていくのだ。

伝えるためのデザイン、CI戦略

カラフルなロゴ、アメリカのGoogle社

企業のコンセプトに対して、色をどのように考えるのか。

たとえばアメリカのソフトウェア会社Googleのロゴに使われている、青、赤、黄、緑といった**カラフルな色**はどうだろう。デザイナーのR.ケダーのインタビューから狙いをまとめてみると、色相《しきそう》環《かん》の流れをあえて崩し、既存の存在にはないユニークさや自由さ、遊び心、思わぬ発見などの楽しさが色で表現されていると思われる。

このカラフルな色は、奇しくもアメリカのApple社の初期のロゴであるリンゴの色と同様である。恐らくコンセプトも近かったのではないだろうか。Apple社のリンゴのマークは、一大センセーショナルを巻き起こしたあのiMacを発表したときにボディの色と同じものにしたが、現在はシルバーメタリックに変更されている。

Google社のロゴ

求められるイメージの色と形

街中で何気なく見るマークなどの色やデザインも、無意識に働きかけてくる。

ファーストフードを例にとると、子どもを含めた幅広い年齢層を顧客とする。それには、**明るさ**、**楽しさ**、**美味しさ**を感じさせる**暖色系**がいい。同じ飲食業でも大人向けのバーなら、**落ち着き**と**高級感**を伝える、**黒**、**茶**、**金**、**銀**などが効果的といえる。誰がターゲットで何を伝えるかにより、色は異なってくるのだ。

デザインも同様で、曲線は**暖かみ**を、直線は**クールさ**を感じさせる。マクドナルドをはじめ、モスバーガー、ロッテリアなどのファーストフードの多くのロゴ、マークが、丸みのある文字や形を使っていることでも理解できる。

こうした色とデザインを考えたとき、対照的に堅実さをイメージとした金融業界が、時代とニーズに合わせて変容した例も興味深い。バブル崩壊後に都市銀行で、はじめての**ひらがな表記**で誕生した「さくら銀行」と「あさひ銀行」だ。

漢字と比べてひらがなは女性的な文字といわれ、それまでの「**信頼、真面目**」という、漢字表記に合った硬い銀行イメージとは異なる文字で、さくらの赤紫系や太陽の赤にカラフルな配色と親しみやすい印象を作った。大口顧客の企業だけではなく、若い女性や主婦など、新規開拓していきたいというコンセプトの表れといえ、新しい方向性を示した色、デザインだったのだ。

みずほ銀行、りそな銀行の色使い

現存する都市銀行では、2010年現在、みずほ銀行とりそな銀行などがひらがな表記である。

みずほ銀行は、**信頼**、**誠実**など手堅いイメージを伝える濃い**青**を背景にし、**やる気**を伝えるような**赤**をくどくないよう少量使い、白抜きの英文字をロゴとしている。しかし国内で銀行名が示されるときは「みずほ」とひらがなで表記され、イメージを柔らかくしているのが特徴だ。従来の銀行のイメージと**柔らかさ**がプラスされた形になった。

みずほ銀行のロゴ

MIZUHO

りそな銀行のロゴ

りそな銀行
RESONA

一方、りそな銀行は**緑**と**オレンジ**という**親しみやすさ**を前面にした配色だ。**やさしさ**などを伝えるという緑でRの円がデザインされ、暖かいオレンジの英文字を配し、文字と色のバランスを取っている。ひらがなの銀行名はやや太い書体の**黒**で表示されるが、親しみやすさのマークに黒で安定感を加えた印象となった。

これら街中にあふれている看板やマーク。そのコンセプトは文章化されているはずだが、実際には説明なしで、ただデザインと色を見せることで私たちに伝えている。それがコンセプトに対して的確ならば、人は無意識にそれをキャッチし反応するのである。

こうした影響の大きさから、色彩の効果は長くマーケティングで研究されてきたのだ。

ビルがひしめき合うように建ち並ぶ繁華街の看板。目立つこと、見やすいことのみならず、企業コンセプトを伝えられているかが問題となる。

環境の色が人に与える影響

私たちは視覚だけでなく体全体で色の影響を感じ取っている。その影響を考えて店舗や住居の壁や床、家具、照明などの色を選びたい。

人の体や能力にまで影響を及ぼす色の力

肉体は赤で緊張し青で弛緩する

色は視覚から受け取るだけでなく、肉体へも直接、影響を及ぼすことを知っているだろうか。

それは、色の光が人間の筋肉に緊張と弛緩《しかん》を引き起こすことからも確認できる。この筋肉の変化は「**トーナス変化**」と呼ばれ、数値化されている。何にも影響されていない状態の数値を23とすると、各色光によって筋肉の変化のレベルが異なっているのだ。

この場合、赤が42と最も高い数値で緊張を示し、青が24と最も低く、ほぼ何も影響が出ていない状態に近いことがわかる。大事なことは、色光から受ける肉体の緊張が、意識と関わらず出現することだ。

さらに、これは肉体の緊張が心にも影響を及ぼすことを意味する。体がはっきり緊張しているのに、気持ちが解放されリラックスしているということは難しいからだ。筋肉だけでなく、生理学的に人は赤い光で脈拍や呼吸が速くなり血圧が上がり、青い光ではその反対の状況になることはすでに知られている。

これらを私たちに生じる「気持ち」として考えると、赤い光に対しては何となく落ち着かなくなって攻撃的、神経質になり、青い光に対してはその反対の状態になるということだ。

このように、環境の色が肉体だけでなく気持ちにも影響を与えていると考えられるのだ。だからこそ、住居や店舗のインテリアなど環境における色が、非常に重視されるのである。

トーナス値

光の色	トーナス値	筋肉
赤	42	緊張
オレンジ	35	
黄	30	
緑	28	
青	24	弛緩

パソコンのモニターの色で作業率アップ!?

現在、人はパソコンを使って多岐な仕事をしているが、パソコンのモニター（画面）の色が、その作業に影響を及ぼしているとしたら、どうだろうか。

2009年、モニターの色に関する興味深い実験結果が発表されている。カナダのブリティッシュ・コロンビア大学でマーケティングの教鞭をとるR.チュー博士らが、600人の学生を対象に行なった実験だ。

実験は、コンピューター上のスクリーンセーバーの色を赤や青などに設定して、言葉を記憶する作業と、子ども用のおもちゃを設計するなど創造性を伴う作業を行なわせるものだった。その結果、記憶する作業では赤のほうで正確さが上回り、創造性を伴う作業では青のほうでより実用的なおもちゃが設計されたというのだ。

この実験結果から研究者たちは、注意深く行なう作業や記憶を引き出しながら行なう作業には赤が、創造的でイマジネーションが必要な作業には青が向くなど、作業によって適した色がある可能性を示《し》唆《さ》している。そしてこれらの可能性を考えると、たとえば集団で意見を出し合う形式の会議には青を主体とした会議室を使うことや、広告で注目してほしい部分に赤を使えば人はよく見てくれるはずだと述べている。

赤は記憶に残りやすく、青は創造性を高める？

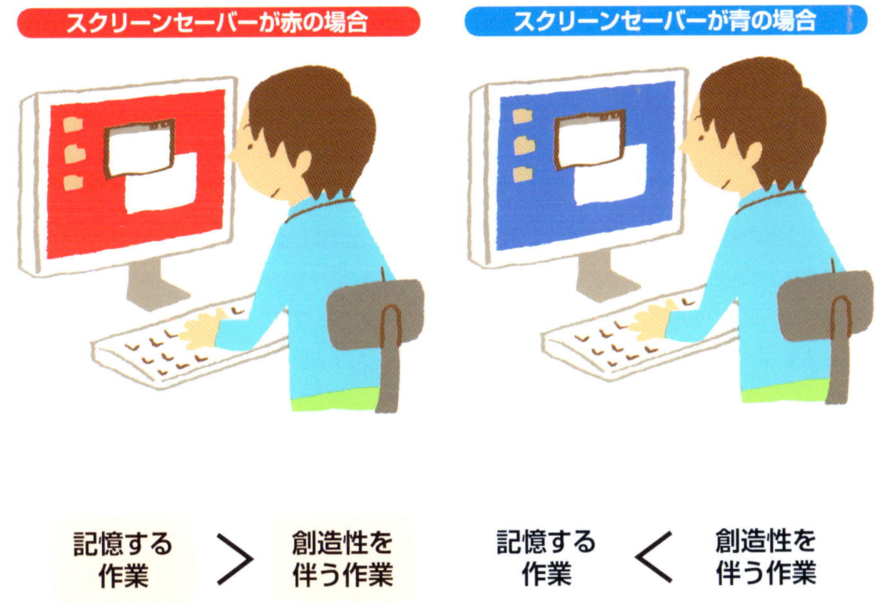

赤と青の居住空間での使い方

赤の上手な使い方

赤を居住空間の全体に使うことはできない。アクセントカラーとしてドアノブや取っ手、インテリアとしてクッションやスモールラグなどに取り入れる使い方が勧められる。

青の上手な使い方

青には鎮静効果があるとされ、寝室で壁やカーテン、枕カバーなどに青を取り入れると入眠しやすくなるという説もある。濃い青よりもソフトな青がやさしい空間を作ることができる。

部屋の色に使うときの注意点

広告での赤は、これまで人の目にとまりやすいという意味で使用されてきた。また、赤が記憶に残る色ということも以前からいわれていた。しかし、赤を背景にすることで記憶する作業の正確度が上がるという実験結果が得られたのは、はじめてだ。

とはいえ、部屋全体の色にすることがパソコンのモニターの実験結果と一致するかどうかは、まだ研究段階といえる。記憶力を上げたいからといって、筋肉が緊張する赤を部屋の大部分に使用することはお勧めできない。

よく、赤が好きな10代の人が、はじめての一人暮らしで部屋を赤で統一したとたん、いつも誰かの家に泊まり歩くようになったという話を聞く。それは偶然ではなく、自分の好きな色の部屋なのに体は休めない状態になるため、無意識に友人の部屋へ出かけていってしまうのだ。

いくら好きだとはいっても、部屋の色全体に刺激の強い赤を使うのは、無駄に疲労を促すことになる。赤が好きなら、部屋全体の色みは抑え、部分的に使って楽しむことが実用的だ。それは青も同様で、モニターの色と部屋全体の色では体の反応が異なるということを計算に入れるべきだろう。

店舗や住居のインテリア選びのヒント

飲食店の店内は赤を使うと回転率が上がる！

こうした色の影響は、経営戦略としてさまざまな場面に導入されている。

たとえば安価なメニューの多いレストランなら、回転率を上げるため、店舗の内装に赤を多く使うことがある。赤に時間を短く感じさせる効果があるからだ。店内が赤いと、客はそこで十分時間を過ごしたと感じ、早く腰を上げる可能性が高くなる。無意識で生じる感覚なので、客は自ら動きたくなって店を出たと思うだろう。

実際にアメリカでは、このような効果を狙った店舗の色彩計画もある。もちろん、赤が持つ元気で明るいイメージや、食事を連想させる色ということから選択されているので、回転率は二次的な効果だ。しかし、相乗効果を期待できるというわけだ。

また、おいしそうな料理を前にすると、私たちの興奮は高まり幸福感に包まれる。その興奮を色の効果で高めることも考えられる。中華レストランで多用される赤は、赤を好むエネルギッシュな国民性と、まさにその効果が一致した例といえよう。

こうした色の効果を、見た目の美観を損なわず、センスよく、いかにうまく活用するか。それが人気店舗の秘訣にもなるのだ。

赤い部屋と青い部屋で時間の長さが違う？

赤などの部屋では実際の時間より約２倍に、青などの部屋では約２分の１に評価されるとの説がある。

日本のテレビ番組におけるインテリアの色と時間感覚の実験によると、赤い部屋と青い部屋でトランプを45分間、４人の被験者が体験し、だれもが赤の部屋で時間が短く、青の部屋で時間が長く感じるという結果となったのだ。

住居のカラーコーディネートのポイント

一般的な居住用の部屋なら、日本では壁は白系などの明るく淡い色が普通だ。海外のインテリア誌を見ると、華やかな壁紙や鮮やかな色のソファといった内装に目を奪われるが、その配色の難易度は非常に高い。

あるアメリカのインテリア誌には、家具と壁の色や明るさは常に対照的にしなければいけないと書いてある。たとえば家具が明るいなら壁は暗く、色ならば反対の色使い、つまり補色の配色にするのだと教える。コントラストが重要な決め手なのだ。

これに対して日本は、欧米ほど住居が広くないという問題もあり、より部屋を狭く感じさせる暗い色を壁に使用することはほとんどない。そして、コントラストより全体の調和を考えることが多い。

一般的に、部屋のイメージは壁の色と床の色のコントラストで決まる。壁や床が明るいと広く見え、軽やかさやモダンな印象を作りやすい。また、壁が明るく床が暗いと、安定した落ち着きが生まれ、クラシックなイメージを作りやすい。軽やかさに惹《ひ》かれるのか、落ち着きに惹かれるのか、自分が家に求めるイメージを考えてみると、決めやすいだろう。

居住空間の色は、そこに住む人の心と体に大きな影響を与える。仕事で疲れて帰宅していながら、ゆっくり休むことのできない環境では健康にもよくない。そうした意味で、休むための部屋は、柔らかい暖色系など刺激の少ない部屋作りが一般的だ。体が緩むような空間の色使いで、日常の慌ただしさを切り離し、リラックスしよう。

ポイントは壁と床の明るさのバランス

壁も床も明るい場合

軽快感がありモダンな印象。

壁が明るく床が暗い場合

重厚感がありクラシックな印象。

食品の色で味が決まる？ Column

ゼリーには、その果実の外見と同じ色がつけられていることが多い。
ゼリーはオレンジ色だが実はグレープ味。しかし見た目の色からオレンジ味と判断してしまう。

古代の人間が食べ物を判断するとき、その匂いは好き嫌いといった瞬時に決定を下せる感情にアクセスし、また見た目の状態や色といった視覚からの情報は、それは何か、食べてもいいかどうかという知的な判断材料として、活用し生き延びてきた経緯がある。

あるテレビ番組で、次のような五感と判断を利用した面白い実験を見せていた。それは、香りと味はグレープのゼリーをオレンジ色に着色し、参加者に食べてもらって味を当てる実験だ。ほとんどの人がオレンジ色のゼリーを食べると、最初はオレンジゼリーだと答える。しかし「本当にそうか」と念を押され、もう一口食べてみてはじめてオレンジの味ではないことに気づくのである。

口にしたとき香りと味は、経験から、食べられる「好ましいもの」と判断されているので注意深く吟味されない。しかし、それが何であるかは色によって判断しているため、騙《だま》されてしまうのだ。

このように食べ物に色が重要と考えられるのは、視覚情報に人の判断が大きく影響されるからだ。アメリカの実験でも、コーヒーの缶の色が濃い茶色と薄い青では、中身が同じでも味の濃さが違って感じられるという報告がされている。

色による快適な環境づくり

色彩調節の考えから、高齢者への色の配慮や、オフィス、病院、学校の色使いなどにおいてさまざまな工夫がなされている。

病院や小学校などにおける色彩調節

色彩調節と色彩計画

前項で見てきたように、インテリアなどで色をどのように使うかを考えることは、一般に「**色彩計画**」という。

これとは別に「**色彩調節**」という言葉もある。

色彩調節とは、病院、学校などの建物、交通機関、機械、商品といったさまざまなものに対し、色の心理的、生理的、物理的機能を活用して、安全性、快適性、効率性などを十分に発揮できるようにすることだ。

この分野は、第２次世界大戦中から特にアメリカを中心に発展した分野である。外科手術で、医師に生じる**補色残像**効果（67ページ）の対策として、手術室の壁の色を白から薄い青緑に変えた話は、どの本にも書かれている色彩調節の有名なエピソードだ。

病院・小学校における試み

病院やオフィスでも、色彩調節の考えから、天井、壁、床などの色に、一般的に推奨される色相や明度がある。

基本的に、天井は白に近いような明る

病院の手術室における色彩調節

アメリカの色彩学者チェスキンが、手術室、分娩室の壁の色について提案した話は有名である。

切開手術などの長時間の作業後、医師の眼には補色残像によって赤い血液の補色である青緑が浮かぶ。そこで、壁の色を薄い青緑にすることで、生じている補色残像を相殺し、緩和するという発想だ。現在、手術室の壁や手術着が青緑なのはこのためなのである。

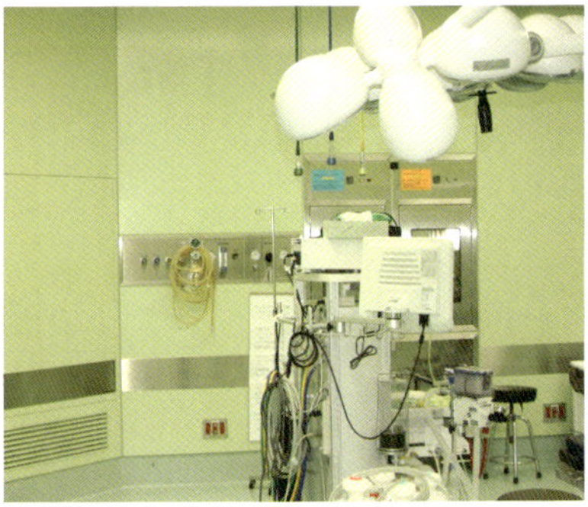

社会保険船橋中央病院の手術室のようす。壁は薄い青緑。

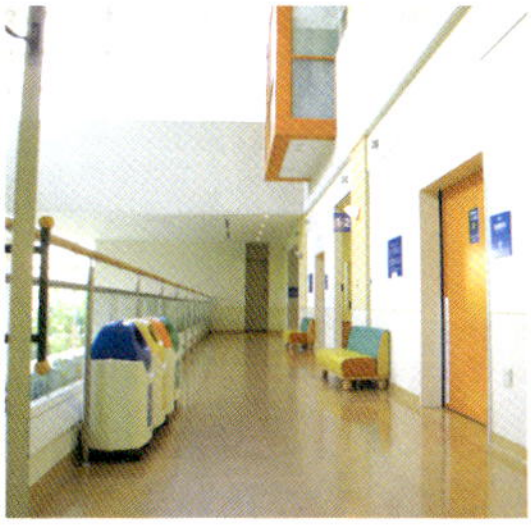

独立行政法人国立成育医療研究センター／施設内は受付から外来、トイレ、ゴミ箱に至るまで、黄、橙、赤、青、緑などの色が使われ、暖かみが感じられる。

兵庫県豊岡市立弘道小学校の校舎／美しい木造校舎が並び、温もりと安心感がある。

さの色、壁はそれより少し暗めが好ましいとされている。オフィスなどのデスクワークが多いところでは、明るい床より暗めの床のほうが作業がラクなことがわかっている。また壁は強い色を避け、柔らかい色の使用が推奨されている。

こうした生理学的に考えた基本パターンはあるが、最近の各施設では、そこにさまざまな工夫を加えて空間を作っている。

たとえば東京にある国立成育医療研究センターは、壁などを白の代わりに暖かみのある生成色《きなりいろ》で構成し、子どもが楽しくなるような、橙《たいたい》、黄、緑、青といったビビッドな色をドアやオブジェ、ソファなどの家具類、壁の一部に色を挟み込んで全体を構成している。床は緑を中心に、場所によっては生成色や黄と組み合わせるなどして、どこを見てもカラフルで楽しい空間が演出されているのだ。

他の地域でも、有名なデザイナーによる、施設のロゴを重ねたカラフルな壁の病院などもあり、それぞれに工夫がされている。

小学校の例では、赤、緑、黄とビビットな色を使った楽しいトイレや廊下の校舎や、かわいい昔話の集落のように古風な木造の校舎など、日本ではまだこれからともいえる分野だが、さまざまな試みが進んでいる。

作業や生活をする空間を、どのような色にするのか、それぞれの目的や用途、利用者などに合った色の使い方で、私たちの生活を豊かにしているのだ。

高齢者にやさしい色の配慮

加齢によって見え方が変化する

日本では高齢化が進んでいるが、年齢を経ても快適に暮らすためには、色による十分な配慮が公共施設でも個人住宅でもなされなければいけない。

たとえば、中年期以降に発症するといわれる白内障《はくないしょう》は、眼の水晶体《すいしょうたい》のたんぱく質が変化し濁るため、その見え方は白や黄のフィルターを通したような状態となる。濁りのために光が散乱し、見えづらく、また色の認知も変化してしまうのだ。

こうした水晶体の白濁、または黄白色への変化は、病気によるものだけでなく、加齢によってすべての人に生じる。そのため、同じ色を見ていても、若い世代と高齢者とでは異なっていることに注意したい。

高齢化への対策

加齢による水晶体の黄みの濁りが強いと、色は黄色のフィルターを通したように見える。そのため、微妙な色の違いの判別がつきにくくなり、青、紫などは茶色系に変化する。また、暗い色はどれも同じように見えるなどの問題が生じる。

道路や室内でもわずかな段差につまずくことが多くなるので、段差の注意を促すには、赤と緑のような色相の差ではなく、黒と白のように明度差をはっきりつけなければいけない。

また日常の照明に関しても、白く明るい照明よりも、まぶしさを抑えられるやや赤みの照明のほうがラクだといわれる。部屋全体を照らすより、高齢者の手元だけ、クリップスタンドなどを使い明るくするほうが、同居する若い世代にとっても負担が小さい改善といえよう。

加齢による見え方の変化

通常の見え方

白内障の見え方

白内障では全体的に黄色っぽくくすんで見えるため、色の違いがわかりにくく感じられる。

見えにくい配色

見やすい配色

色相差より明度差をはっきりつけることが大切。

日常生活における照明の工夫

光の色の影響は大きい

光の色については、高齢者との生活だけでなく、日常でも上手に利用したい。

たとえば、青い色は眠気を誘い不眠に効果的だという報告がある。不眠に色を活用するなら、照明の色で試すのもいいだろう。それは、人間が太陽光によって生活のリズムを刻んできたからだ。

現代の室内のように、常に上から浴びる青みの蛍光灯は、自然界では昼の状態に等しい。そこで眠りにつく少し前から、夕日に近い赤みのある光に切り替える、またはうす暗くして床に赤みの照明のスタンドを立てるなどの工夫をすると効果的だ。太陽が沈みはじめたときと同様の環境が作られ、体は入眠の準備に入るといわれている。

内臓の活動にも影響を与える！

光の色の影響は消化器系の活動にも影響するといわれる。青白い光で味覚は敏感に、赤みの光で胃が活性することがわかっているのだ。太古の人間にとって青白い光は日中の活動時間にあたり、果実や木の実などの採取、狩猟時間のため味覚が敏感である必要性がある。一方、夜の休眠時間を消化にあてるため、太陽が赤い光となる夕方から胃の働きが活発になるからだと考えられている。

自然から離れた私たちの日常の照明を少し注意するだけでも、快適な生活に変わるかもしれない。

いろいろな照明の色

寝室には、やわらかい照明を選ぶとリラックスできる。（写真の照明はパナソニックのブラケットとニッチの組み合わせ）

ダイニングには、赤みのある明るい照明にすると料理がおいしく見える。（写真の照明はパナソニックのプロデュースダイニング）

青い照明の効果を再検証

1章の冒頭で紹介した青色照明の効果に対して、否定的な意見も上がっている。色の効果についてもう一度考えてみよう。

本当に自殺や犯罪の防止になるのか

青い照明が設置される目的

1章で紹介した青色の照明は、自殺やゴミの投げ捨ての防止、防犯などの目的で全国に広がっている。JR山手線でも100周年を記念して各駅に青色照明の設置を決定したと先述した。その背景には、1都3県で発生した輸送障害の原因で自殺の割合が年々増え続け、2008年にはなんと45%も占めたという、事実、社会的問題がある。JR東日本は「青色照明が持つといわれる人の精神状態を穏やかにする効果」に期待しており、落書きなど迷惑行為の抑止も目的の1つにしているということだ。

しかし一方で、マスコミから話題が広がった青色照明は、再度マスコミによって否定する声が上がっており、現在、賛否両論だ。青い光の効果はあるのか、はたまたないのか。

JR東日本山手線大崎駅のホーム。ホームを明るくすることによる快適性の向上を目指して、自殺防止に有効とされる青色LEDが設置された。実際、暗い場所では波長の短い青い照明のほうが遠くから見やすい。

名神高速道路養老サービスエリア（上り線）のゴミ置き場。青色照明が設置されている。

地域のボランティア団体などによる防犯パトロールで使用される「青パト」。写真は日本財団の助成を受けて岡山県津山市の自主防犯防災協議会が取り入れた車両。

日本とイギリスでの導入の流れ

日本での導入に至る流れを簡単に追ってみよう。

2004年、一般自動車に禁止されていた回転灯装備が、一定の条件を満たした自主防犯パトロール車に限って、青色の回転灯設置を認める運びとなる。これは青い光の高い視認性や、青信号などの安全というイメージから防犯効果を期待してのことだ。ここですでに「青＝防犯」というイメージが日本にはあった。

こうした中で2005年、日本のマスコミが「イギリスのグラスゴー市では青色照明で犯罪が大幅に減少した」という話題を報道して反響を呼ぶ。そして同年、奈良県が青の防犯灯を取り入れてから全国に広がっていく。その後、高速道路サービスエリアの不法ゴミ投棄の2、3割の減少、踏切での自殺者の減少などが報告された。

一方、イギリスのグラスゴー市での導入の流れを追うと、炭鉱都市から廃坑とともに廃《すた》れ、失業者による犯罪が増加。それを挽回すべく2000年に「光のフェスティバル」を行ない、街の清掃、舗装、景観改善のためのライトアップをし、通りの街灯などをオレンジから青に交換したのである。

この青い照明で、麻薬常習者は静脈が見えにくくなり、注射が打てないため、街から去るなどで40％の麻薬関連の犯罪の減少が見られた。日本ではグラスゴー市の犯罪が大幅に減少したと報じたが、グラスゴー市は麻薬関連以外の実際の数字は挙げていなかった。

その後、グラスゴー市では監視カメラの設置を検討しており、青い照明ではモニター画像が見づらいため白い照明への変更になりそうだという。

色は常に心に囁きかけている

色の効果を用いるときの注意点

青い防犯灯の効用については、実施する都道府県の結果や決定と並行し、防犯専門家などから疑問視する声が上がった。調査が始められ、否定的な意見が出はじめたのである。しかし「実際に測定できる効果」はわからないのだ。

さまざまな報告を見ると、犯罪が減少した地域、増加した地域、変わらない地域がある。いくつかの報告にもあるように、青色に効果があると信じられているならば、違反行為をする側もそれを信じて心理的に影響を受けている可能性がある。もちろん受けていない可能性もある。つまり、色だけに頼るという発想は、実用的ではないといえよう。

しかしだからといって、青が人間の血圧を下げ、筋肉を弛緩《しかん》させるという事実は変わらない。また、青がこうした生理的反応を起こすならば、必ず自殺を防げるということにもならない。このことを正しく理解していないと、「この色を使えば必ずこうなる」「だから色には効果がない」という、全か無かの二極反応になってしまう。

ちなみに山手線では、鏡や防犯カメラの設置、巡回なども行なうという。何が原因で自殺の減少やマナーの向上に結びついたかは、わからなくなるだろう。しかし、心の複雑さを考えると、正しい対処だといえるのだ。

生物の色や視覚は進化の中で得たもの

地球上のすべて生物は、その遺伝子を残すためにさまざまな変化を遂げてきた。身体や視覚の進化もその1つだ。

花の色は、花粉を運ばせるため、昆虫に見やすいような色になっている。動物の隠遁色《いんとんしょく》は、敵の目を欺くための色とデザインだ。白目と黒目がある人の眼の作りですら、相手が注目しているものに気づいたり、アイコンタクトで意思疎通がしやすいためと重要な意味を持つ。赤に対して生じる反応も、これら進化の思考錯誤の中から人が手に入れたものだ。

自然の中で相互関係によって成立してきた色と身体の関係は、今後さらに解明が進むと思われる。

花は昆虫に見えやすい色になっている（57ページ）。

この写真のバッタのように、生き物が敵に見つからないよう、周囲と同じような色を身につけることが隠遁色。

色のある世界と色のない世界は大きく異なる。

私たちはいつも色を無意識に感じ取っている

世の中の因果関係は、AをすればBになるという明快なものだと考える人がいるかもしれない。しかし、スイッチを押せば必ず動くといったような「確実さ」を色に求めることは不自然だ。原因と結果が常にあるわけではない。自然や人間はそれほど単純ではないのだ。

最後に、1章で紹介したハンフリーの実験の続きを見ておこう（21ページ）。

赤と青の部屋では、サルは常に青の部屋を好んだ。この実験を行なったハンフリーによると、ハトも、人間も、また生後15日の赤ん坊も、おおむね同様の反応を示すという。

しかしこの実験には、もう1つオマケがある。何も映っていないスクリーンに色を投影《とうえい》して見せると、やはりサルは圧倒的に赤より青を好んだ。ところが、このスクリーンに面白い何かが映ってしまうと、それが赤でも青でもサルにはまったく関係がなくなってしまう。

つまり、サルの気持ちが色に反応している体に向いていれば、彼らは色に影響を受けた行動をとる。しかし自分に向けていた気持ちが、外からの刺激に反応するやいなや、色がどんなに体に働きかけても、そこからの影響に気づけなくなるのだ。

体に反応が起きても気づかないという事実は、恐らく人間も同じだ。意識がどこを向いているかで、人の感じる世界は変わってしまう。そう考えると、原因と結果という単純なイメージで、人間の行動を測れないこともわかるだろう。

ならば、色は無力なのか。いや、色は自然の流れと同じ速度で、ゆっくりと、しかし確実に私たちの無意識に働きかける。それは生き物の進化にまで影響を及ぼすほどの力なのだ。

人々が信じようと信じまいと、色は常に人の心に、あなたの心にも、囁きかけているのである。

索引

さ行

た行

索引

夢 …… 37,39
夢判断 …… 37
ユング,C.G …… 35,38〜41,98,102
陽性残像 …… 67

ら行

ラピスラズリ …… 160,161
ラフカディオ・ハーン(小泉八雲) …… 162
リーデル,L …… 175
リープマン効果 …… 75
流行色 …… 189
リュッシャー,M …… 92,100
リュッシャー・カラーテスト …… 92
緑土 …… 156
臨床心理学 …… 34
レオナルド・ダ・ヴィンチ …… 27
レボヴィッツ,M …… 100
ロイヤルブルー …… 160,161
老賢者 …… 40
ローエンフェルト,M …… 92
ロック,J …… 31
ロドプシン …… 51
ロールシャッハ,H …… 92,94
ロールシャッハ・テスト …… 37,92,94,95

わ行

ワトソン,J …… 32

色名索引

あ行

藍色 …… 62,160
藍鼠(あいねず) …… 174
アイボリーブラック …… 176
青 …… 160
青墨 …… 176
青竹色(あおたけいろ) …… 156
青鈍(あおにび) …… 174
赤 …… 138
赤墨 …… 176
赤茶(あかちゃ) …… 148
茜色(あかねいろ) …… 138
浅葱色(あさぎいろ) …… 160
菖蒲色(あやめいろ) …… 166
杏色(あんずいろ) …… 146
一斤染(いっこんぞめ) …… 144
今紫 …… 184
今様色(いまよういろ) …… 141
ヴァイオレット …… 164
ヴァンダイクブラウン …… 148
ウォルナット …… 148,149
鶯色(うぐいすいろ) …… 156
鶯茶(うぐいすちゃ) …… 150
ウコン色 …… 62,152
薄色(うすいろ) …… 164
薄墨色(うすずみいろ) …… 174
薄鼠(うすねず) …… 174
卯花色(うのはないろ) …… 168
梅鼠(うめねず) …… 174
ウルトラマリンブルー …… 161
江戸茶(えどちゃ) …… 150
江戸紫 …… 62,164,184
海老茶(えびちゃ) …… 150
葡萄鼠(えびねず) …… 174
臙脂(えんじ) …… 138
オイスターホワイト …… 168
黄丹(おうに) …… 146,147
オレンジ …… 146

か行

柿色(かきいろ) …… 146
樺茶(かばちゃ) …… 150
甕覗(かめのぞき) …… 160
芥子色(からしいろ) …… 152
唐茶(からちゃ) …… 150
刈安色(かりやすいろ) …… 152
黄色 …… 152
桔梗色(ききょういろ) …… 166
麹塵(きくじん) …… 175
黄茶(きちゃ) …… 148
黄蘗色(きはだいろ) …… 152
京紫 …… 164,184
金茶(きんちゃ) …… 150
銀鼠(ぎんねず) …… 174
梔子色(くちなしいろ) …… 152
朽葉色(くちばいろ) …… 150,151
涅色(くりいろ) …… 176
グリーン …… 156
胡桃色(くるみいろ) …… 148
グレイ …… 172
紅色(くれないいろ) …… 138
黒 …… 176
黒茶(くろちゃ) …… 150
黒橡(くろつるばみ) …… 176
桑茶(くわちゃ) …… 150
滅紫(けしむらさき) …… 164
濃鼠(こいねず) …… 174
香色(こういろ) …… 151
柑子色(こうじいろ) …… 147
紅梅色(こうばいいろ) …… 145
黄櫨染(こうろぜん) …… 150
苔色(こけいろ) …… 156
焦茶(こげちゃ) …… 150
古代紫 …… 184
媚茶(こびちゃ) …… 150
コーヒーブラウン …… 149
胡粉色(ごふんいろ) …… 168

さ行

桜色(さくらいろ) …… 145
桜鼠(さくらねずみ) …… 174
サップグリーン …… 156
サーモンピンク …… 144
サフランイエロー …… 152
紫苑色(しおんいろ) …… 166
芝翫茶(しかんちゃ) …… 148
漆黒(しっこく) …… 176

東雲色（しののめいろ）……144
朱色（しゅいろ）……62,138,146
菖蒲色（しょうぶいろ）……166
シルバーグレイ……172
白……168
白殺し（藍白）……160
蘇芳（すおう）……138
スカイグレイ……62,172
スカイブルー……160
雀茶（すずめちゃ）……150
ストロベリー……62
スノーホワイト……168
墨色……176
菫色（すみれいろ）……166
千歳茶（せんさいちゃ）……150
空色……62

た行

橙色（だいだいいろ）……146
卵色（たまごいろ）……152
タン……149
団十郎茶（だんじゅうろうちゃ）……148
茶……148
茶鼠（ちゃねずみ）……174
丁子茶（ちょうじちゃ）……150
チョコレート……149
躑躅色（つつじいろ）……145
露草色（つゆくさいろ）……62
帝王紫（ていおうむらさき）……165
鉄黒（てつぐろ）……176
鴇色（ときいろ）……62,144

な行

撫子色（なでしこいろ）……145
鉛色（なまりいろ）……172
鈍色（にびいろ）……174
乳白色（にゅうはくしょく）……168
鼠色（ねずみいろ）……172,174

は行

灰色……172
灰茶（はいちゃ）……150
肌色……146
鳩羽鼠（はとばねず）……174
縹色（はなだいろ）……160
パープル……164
薔薇色（ばらいろ）……145
パールホワイト……168
ビスタ……149
鶸色（ひわいろ）……156
鶸茶（ひわちゃ）……150
ピンク……144
フォーン……149
深川鼠（ふかがわねずみ）……174
藤色（ふじいろ）……166
藤鼠（ふじねずみ）……174
二藍（ふたあい）……164
ブラウン……148
ブルー……160
ベージュ……154
紅色（べにいろ）……138

ま行

マラカイトグリーン……156
マルーン……149
緑……156
海松茶（みるちゃ）……150
紫……164
萌黄色（もえぎいろ）……156
桃色……62,144

や行

柳茶（やなぎちゃ）……150

ら行

利休茶（りきゅうちゃ）……150
利休鼠（りきゅうねずみ）……62,174
ローアンバー……149
ロイヤルブルー……160
路考茶（ろこうちゃ）……148
ローシェンナ……149

※本章に登場する色名に対して提示した色は、C（シアン）、M（マゼンタ）、Y（イエロー）、K（ブラック）の４色の印刷用インキの掛け合わせによって表したもので、その色の特徴をつかむための一例です。参考としてご覧になってください。

写真提供・協力

- 財団法人ポーラ美術振興財団 ポーラ美術館
- 国立国際美術館
- 長野県信濃美術館 東山魁夷館
- 品川区立品川歴史館
- 東山すみ
- Ｊリーグフォト株式会社
- 奈良県警察
- 株式会社アマナイメージズ
- パナソニック電工株式会社
- 福岡教育大学 福原達人
- 財団法人日本色彩研究所
- コニカミノルタセンシング株式会社
- 穴田明徳
- スペイン政府観光局
- 愛知教育大学 科学・ものづくり教育推進センター 佐々田俊夫
- 高崎市染料植物園
- 嚴島神社
- 風俗博物館
- NPO 法人 和の学校
- 吉岡幸雄
- 新潟県写真家協会
- トヨタ自動車株式会社
- 株式会社ポニーキャニオン
- ワーナー・ホーム・ビデオ
- 株式会社共同通信社
- 日本マクドナルド株式会社
- グーグル株式会社
- 株式会社みずほ銀行
- 株式会社りそなホールディングス
- 積水化学工業株式会社
- 社会保険船橋中央病院
- 独立行政法人国立成育医療研究センター
- 豊岡市立弘道小学校
- ハマダ眼科
- 株式会社ネクスト
- 東日本旅客鉄道株式会社
- NEXCO 中日本
- 日本財団

敬称略

参考文献・資料

●氏原寛・亀口憲治・成田善弘・東山紘久・山名康裕編『心理臨床大辞典（改訂版）』培風館 ●大山正『色彩心理学入門』中公新書 ●大山正『視覚心理学への招待』サイエンス社 ●小此木 啓吾・馬場 謙一編『フロイト精神分析入門』有斐閣 ●香川勇・長谷川望『原色色彩語事典』黎明書房 ●鹿取廣人・杉原敏夫編『心理学』東京大学出版会 ●河合隼雄『ユング心理学入門』培風館 ●國分康孝編『カウンセリング辞典』誠信書房 ●財団法人日本流行色協会監修『日本伝統色色名事典』日本色研事業 ●佐藤邦夫『風土色と嗜好色』青娥書房 ●視覚デザイン研究所編『CI 計画とマーク・ロゴ』視覚デザイン研究所 ●島崎清海『絵でみる子どもの心』ルック ●島崎清海『続 色彩の心理』文化書房博文社 ●鈴木光太郎『動物は世界をどう見るか』新曜社 ●高橋雅春・北村依子『ロールシャッハ診断法Ⅰ・Ⅱ』サイエンス社 ●千々岩英彰『色彩学』福村出版 ●塚田敢『色彩の美学』紀伊国屋書店 ●傳田健三『子どもの遊びと心の治療』金剛出版 ●中井久夫『中井久夫著作集1巻―精神医学の経験 分裂病』岩崎学術出版社 ●長崎盛輝『色・彩飾の日本史』淡交社 ●永田泰弘『新版色の手帖』小学館 ●野村順一『色彩効用論―ガイアの色』住宅新報社 ●野村順一『商品色彩論』千倉書房 ●平沼良・宗内敦・江川玟成・坂野雄二・原野広太郎『カラー・ピラミッド性格検査法』千倉書房 ●福田邦夫『色の名前 507』主婦の友社 ●山中康裕『心理臨床と表現療法』金剛出版 ●山中康裕『中井久夫著作集別巻1―H・Nakai 風景構成法』岩崎学術出版社 ●吉岡常雄『日本の色』紫紅社 ●吉岡幸雄『「源氏物語」の色辞典』紫紅社 ●山脇惠子『よくわかる色彩心理』ナツメ社 ●渡辺照宏『仏教』岩波新書 ●鶴岡真弓・松村 男『図説ケルトの歴史』河出書房新社 ●R.H. アルシューラ・B.W. ハトウィック著 島崎清海訳『子どもの絵と性格』文化書房博文社 ●アンヌ・ヴァリション著 河村真紀子・木村高子訳『色―世界の染料・顔料・画材 民族と色の文化史』精興社 ●カール・グスタフ・ユング著 河合隼雄監訳『人間と象徴（上下巻）』河出書房新社 ●カール・グスタフ・ユング著 林道義訳『個性化とマンダラ』みすず書房 ●グレッグ・M・ファース著 角野善宏・老松克博訳『絵が語る秘密』日本評論社 ●シシル著 伊藤亜紀・徳井淑子訳『色彩の紋章』悠書館 ●スーザン・バッハ著 老松克博・角野善宏訳『生命はその生涯を描く』誠信書房 ●ディラン・エヴァンス著 遠藤利彦訳『感情』岩波書店 ●ニコラス・ハンフリー著 柴田裕之訳『赤を見る』紀伊国屋書店 ●フェイバー・ビレン著 佐藤邦夫訳『ビレン色彩学の謎を解く』青娥書房 ●フランソワ・ドラマール・ベルナール・ギノー著 柏木博監修 ヘレンハルメ美穂訳『色彩』創元社 ●ミシェル・パストゥロー著 石井直志・野崎三郎訳『ヨーロッパの色彩』パピルス ●ミシェル・パストゥロー著 篠田勝英訳『ヨーロッパ中世象徴史』白水社 ●ルイス・チェスキン著 大智浩訳『すまいの色彩』白揚社 ●ルイス・チェスキン著 大智浩訳『販売と色彩』白揚社 ●ルイスチェスキン著 佐藤邦夫訳『役だつ色彩』白揚社 ●V.S. ラマチャンドラン、サンドラ・ブレイクスリー著 山下篤子訳『脳の中の幽霊』角川書店 ●大山正・田中靖政・芳賀純（1963）. 日米学生における色彩感情と色彩象徴 ,「心理学研究」34,109-121 ●柳瀬徹夫（1987）. 色彩心理分析の状況 , 繊維学会誌「繊維と工業」Vol.43,No.5,P168-177 ●Russell Hill and Robert Barton（the University of Durham）: Red enhances human performance in contests,Nature, 435. 293 (2005). ほか

著者略歴

山脇恵子（やまわき けいこ）

東京成徳大学大学院心理学研究科カウンセリング専攻修士課程修了。心理カウンセラー、芸術療法講師。
1987年より色彩の研究を始め、実践、指導に携わる。そのかたわら、子どもの絵と色彩の心理について島崎清海氏に師事。学生相談を行なう中で色彩と心の研究を深める。少年院、都内クリニックの心療内科、メンタルサポート・オフィスなどに勤務。FMラジオ局番組での色の解説、セルフセラピーのグループセッション、講演など、色彩と生活を結びつける活動を幅広く行なう。著書に『よくわかる色彩心理』（ナツメ社）。
著者のサイト　http://www.irokokoro.com

史上最強カラー図解

色彩心理のすべてがわかる本

2010年8月5日初版発行

著　者　山脇恵子
発行者　田村正隆

発行所　株式会社ナツメ社
東京都千代田区神田神保町1-52　加州ビル2F（〒101-0051）
電話　03(3291)1257(代表)　FAX　03(3291)5761
振替　00130-1-58661

制　作　ナツメ出版企画株式会社
東京都千代田区神田神保町1-52　加州ビル3F（〒101-0051）
電話　03(3295)3921(代表)

印刷所　ラン印刷社

ISBN978-4-8163-4945-4　Printed in Japan